KB076590

의사형의 라켓각 이야기

아무리 노력해도 늘지 않는 탁구인들을 위한 책

의사형의 라켓각 이야기

발　행 | 2022년 11월 22일
저　자 | 최정일
펴낸이 | 한건희
펴낸곳 | 주식회사 부크크
출판사등록 | 2014.07.15.(제2014-16호)
주　소 | 서울특별시 금천구 가산디지털1로 119 SK트윈타워 A동 305호
전　화 | 1670-8316
이메일 | info@bookk.co.kr

ISBN | 979-11-410-0260-2

www.bookk.co.kr

의사형의 라켓각이야기

최정일 지음

의사형
최정일

탁구 이력

1998	탁구 입문 (펜홀더 탁린이)
1999~2001	탁구 안침 (군대)
2002~2004	탁구를 재밌어 함, 열심히 하면 30살쯤 당연히 오픈 1부가 되어 있을 거라 생각함
2005~2008	탁구 라켓 버림 (회사 및 입시준비)
2009~2015	당시 기준 펜홀더 오픈 4부, 아무 생각 없는 어설픈 닥공 플레이, 오픈 1부는 꿈의 영역임을 깨달음
2016	고수에겐 통하지 않는 '나의 펜홀더' 탁구에 대해 한계를 느낌, 쉐이크로 전향
2016~2019	여러 코치에게 레슨을 아무리 받아도 도대체가 늘지를 않음, 오픈 6부 미만의 빽드라이브 구사
2019~2020	친한 형님과 유능한 코치의 도움으로 탁구에 대해 알아감, 실력 늘기 시작(내 기준)
2021	코로나 영향 레슨 중단, 실력은 계속 상승(내 기준)
2022	독학하며 만들어 낸 중펜각 쉐이크 이론으로 실력 급상승(내 기준), 현재 쉐이크 오픈 3부

의사형의 라켓각 이야기

머리말

1998 대학탁구 동아리 신입회원으로 탁구를 처음 접하고 2015년까지 펜홀더를 쳤다. 아무 생각 없이 쳤다. 그냥 감으로 쳤고 레슨도 받아본 적이 없었다. 열심히 치면 느는 것인 줄 알았다. 2016년 쉐이크로 전향하고 정식으로 레슨이라는 것을 받았다. 약 4년간 여러 코치들을 만나 보았고 선수들의 유튜브 영상도 찾아보며 따라 해 보았지만 별 효과를 보진 못했다. 늘긴 늘었다. 하지만 조금 늘었다. 조금씩 아주 느리게 늘었다. '왜 늘지 않을까' 의문이 들었다. 소중한 나의 돈과 소위 금이라고 하는 시간을 많이 투자했는데 말이다.

펜홀더의 마지막 시절 나의 실력은 당시 기준, 오픈 4부 정도였다. 하지만 내가 사용하는 기술은 단 3개, 서브와 커트 그리고 화드라이브였다. 다른 기술들은 없었다. 플레이스타일은 소위 '닥공'이었다. 2구든 3구든 4구든.. 몇 구냐에 관계없이 무조건 화드라이브였다. 쇼트나 블럭이라는 것은 없었다. 사실 쇼트나 블럭 대는 방법을 알지 못했다. 쇼트나 블럭을 대면 공이 죽거나 원하지 않는 곳으로 갔다. 그게 '닥공' 플레이를 하는 이유였고 '공은 니가 주워라'였다. 그러한 '닥공 플레이'는 굉장히 위력이 있었고 그래서 승률이 높았다. 단, 조건이 있었다. 상대가 당시 기준, 오픈 4부 이하여야 했다. 그 이상의 고수들에게는 통하지 않았다.

2016년 쉐이크로 전향 후 약 4년 동안, 나는 여전히 펜홀더 시절의 '닥공' 플레이를 고수했다. 왜냐하면 여전히 나의 빽 쪽 플레이는 형편없었기 때문이었다. 그렇다고 해서 나의 화드라이브가 대단히 좋은 것도 아니었다. 어쨌든 쉐이크 레슨을 4년이나 받았는데도 빽 쪽 수비나 블록은 여전히 펜홀더 시절 수준의 실력이었다. 뭐 선수 같은 화려한 빽드라이브 공격은 바라지도 않았다. 그냥 갖다 대면 공이 죽거나 원하지 않는 곳으로 갔다. 수비든 공격이든 연습 때는 뭔가 되는 것 같았지만 정작 게임 때는 되지 않았다. 굳이 정도를 말하자면 오픈 6부 미만의 빽드라이브 실력을 구사했던 것 같다. 아무리 노력해도 2020년까지는 그랬다.

왜 안 될까.. 너무 답답했다. 이유를 알고 싶었다. 그래서 탁구라는 놈에 대해 공부??를 해보기로 했다. 공부를 통해 나름의 어떠한 원리를 깨달았다. 좋아지는 건 순식간이었다. 쉐이크 4년 동안 안되던 것들이 갑자기 되기 시작했다. 이전 4년 동안 늘던 속도와는 비교 불가능했다. 수비든 공격이든 원하는 위치에 원하는 구질로 들어가기 시작했다. 무엇을 깨달았길래 변하게 되었을까?? 이 책은 그에 대한 혼자만의 경험을 담고 있다. 말 그대로 혼!자!만!의! 경험이다. 그러므로 여러분이 그동안 가져왔던 탁구에 대한 생각과 이해도 면에서 다를 수 있다.

탁구에는 정답이 없다. 각자의 그립, 각자의 기본각 및 각자의 플레이 스타일이 있다. 개인마다의 경험과 노하우가 상당하고 탁구에 대한 생각이나 신념도 다 다르다. 누가 누군가에게 강요할 수 없는 부분들이 많고 그러므로 누군가에게 탁구를 말한다는 것은 대단히

예민하고 신중하게 접근할 문제다. 정치 얘기를 하면 싸움이 나니 하지 말라 한다. 이유가 무엇인가?? 각자가 처한 상황이 다르고 역사에 대한 지식수준이 다르고 과거, 현재, 미래를 바라보는 관점이 다르기 때문이다. 그런데 나는 지금 책을 쓰고 있다. 그냥 탁구장에서 친한 회원분에게 탁구를 알려주는 것도 신중해야 할 문제인데 책까지 쓰고 있다.

탁구에 대한 이 책의 내용이 자신과 맞지 않다면 그냥 한낱 생체인의 어리숙한 객기 정도로 치부해 주시길 바란다. 나는 '내 말이 맞다' 라고 주장하는 건 아니다. 그냥 내가 경험한 '보다 쉬운 탁구'를 소개할 뿐이다. 여러분이 만약 아무리 오랜 시간 레슨을 받아도 늘지 않는 탁구인이라면 한 번쯤은 이 책을 접해 보길 바란다. 자신이 보다 어려운 탁구를 하고 있는 사람인지 보다 쉬운 탁구를 하고 있는 사람인지 알게 될 것이다. 그것만으로도 이 책을 쓴 보람이 있을 것 같다.

책을 쓰고 있다 하니 누군가 나에게 말했다. 오픈 1부도 아니면서 어떻게 책을 쓸 생각을 하냐고.. 사람들이 미쳤다고 생각할 수도 있다 했다. 동의한다. 그래서 책 쓰는 걸 많이 고민했다. 사람들의 평가가 두렵고 무서웠다. 하지만 그럴 때마다 나에게 용기를 북돋아 주고 격려해 주신 형님 한 분이 있다. 그 형님이 아니었으면 이 책은 나올 수 없었다. 평소 탁구에 관한 생각을 공유하고 탁구 이외의 분야에도 삶의 동반자로서 항상 좋은 생각과 보다 나은 길을 안내해 주시는 형님께 이 책을 통해 다시 한번 감사를 드린다.

참고)

이 책에서는 기술적으로는 거의 화드라이브, 백드라이브에 대해서만 다룬다. 정확히는 거의 그립, 라켓각과 스윙 궤적에 대해서만 다룬다. 서브, 리시브, 커트, 스톱커트, 치키타, 플릭, 허리, 스텝, 임팩트, 회전 등의 많은 다른 탁구 기술들에 대해서는 난 잘 모른다. 그리고 그런 의미에서 이런 책 한 권 읽는다고 바로 경기력이 좋아지진 않는다. 탁구는 상상 못할 정도로 정말 어려운 운동이고 경기력은 정말 많은 기술적, 심리적 요소들에 의해 관여되기 때문이다. 하지만 실망할 필요는 없다. 이 책의 내용을 이해하고 받아들이면 당신은 이 책을 읽기 전보다 훨씬 더 쉽고 재미있는 탁구를 하고 있을 것이다. 많은 사람들이 탁구는 몸으로 익히는 운동이라고 말한다. 하지만 원리를 이해하며 몸으로 익힌다면 더 재미있는 탁구가 될 것이고 운동으로서의 만족도가 더 커질 것이다. 실력 상승은 덤이라 생각한다.

그리고 탁구 기술들에 대한 정확한 명칭 공부는 하지 못했다. 예를 들자면 화(또는 백)드라이브가 맞는 표현인지 포핸드(또는 백핸드) 드라이브가 맞는 표현인지 정확히 모르겠다. 이 책 안의 탁구 용어에 대해 혹시 틀린 부분이 있을 수 있다. 만약 독자분들이 책을 읽는데 있어 불편함이 느껴진다면 너그럽게 이해해 주시길 바란다.

목차

들어가기에 앞서

A라는 사람이 B라는 사람을 매번 이긴다.
평소 A는 "라켓각이 중요한 건 아니다." 라고 말하는 사람이고
B는 "라켓각이 중요하다." 라고 말하는 사람이다.

사람들은 이를 보고 "라켓각은 중요한 게 아니다." 라고 말한다.

하지만 나는..

"A가 라켓각을 더 잘 알게 되면 지금의 A보다 나을 것이다." 라고
말하고 싶다.

I. 개념잡기

1. 로봇실험

많은 사람들이 로봇으로 연습을 한다. 내가 볼 때 로봇 앞에서 못하는 사람은 없다. 다들 선수 같은 임팩트와 선수 같은 회전을 먹인 공을 멋지게 꽂아 넣는다. 그리고 "아 그래 됐어!! 바로 이 느낌이야~ 이제 게임 때 써먹어야지~!!" 라고 말하며 자신 있게 게임에 들어간다. 그리고 게임 후엔 "왜 게임 땐 안 되지??" 라고 말하며 우울 모드에 들어간다. 우리는 로봇을 얼마나 잘 활용하고 있을까?? 왜 로봇 앞에서 되던 것들이 게임 때에는 되지 않을까?? 그렇다면 로봇은 별로 쓸모가 없는 걸까?? 한번 진지하게 생각해 볼 일이다.

어느 날 의문이 들었다. 그냥 갖다 대기만 했을 때 '나에게 온 공의 구질 그대로 되돌려 보내 주는 각', 과연 그런 라켓각이 있을까!! 로봇 앞에서 실험을 해 보았다. 탁구 로봇이 나에게 공을 보내오고 나는 그 공에 나의 라켓을 그냥 갖다 댄다. 대는 힘 말고는 더 이상 추가되는 힘은 없다. 그냥 가만히 댔을 때 온 그대로 되돌아간다는 뜻은 뭘까?? 그냥 말 그대로 '온 그대로 되돌아가는 거지.' 라고 그렇게 1차원적으로 생각하면 안 된다. 그것은 바로 자기 몸의 밸런스가 무너졌거나 아니면 거리가 먼 공을 시간적 여유 없이 따라갔을 때 또는 엄청난 반사신경으로 갑자기 공을 받아야 하는 급박한 상황에서조차 대기만 하면 들어간다는 뜻이다. 이것은 엄청난 개념이다. 여유가 있는 상황에서는 공이 나에게 어떻게 오든지 관계없다. 여유가 있다면 이미 우리는 각자 나름대로 어떻게든 공을 넘기고 있다. 하지만 라켓각이 좋지 않다면 갖다 대기만 해서는 안전하게 그대로 되돌아가는 공을 만들어 보낼 수가 없고 그러므로 여유 없는 상황에서는 항상 힘들다.

로봇실험을 위한 그립

로봇실험에 앞서 로봇실험을 위한 그립을 알려드리겠다. 결론부터 말하면, 그립을 잡을 필요가 없다. 그냥 갖다 대기만 할 건데 무슨 그립이 필요한가. 사람들이 소위 말하는 안쪽 그립, 바깥쪽 그립, 중간 그립.. 다 필요 없다. 당신의 엄지, 검지 정도면 충분하다. 나머지 손가락은 거들 뿐.. 아래 그림과 같이 그립을 잡아 보자.

그림 1. 로봇실험을 위한 그립

이제 로봇실험을 시작해 보자.

먼저 백사이드에서 해 보겠다. 적당한 속도의 공이 나에게 백사이드로 온다. 공의 속도가 너무 빠르면 안 된다. 적당한 속도이거나 약간 느린 공일수록 실험 효과가 좋을 것이다. 가능한 여러 라켓각을 만들어서 직접 대보고 로봇이 보내온 공의 궤적 그대로 되돌아가는지를 확인해 보라. 여기에선 라켓각 3개만 언급하겠다.

백1번각 : 얇게 숙여져 있는 각
백2번각 : 두껍게 열어져 있으나 상대방 화사이드를 향해
　　　　　밖으로 까져 있는 각
백3번각 : 라켓 머리가 내려가 있고 라켓 왼쪽이 막혀 있으며
　　　　　약간 천장 보는 각

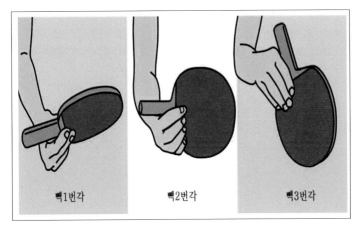

그림 2. 로봇실험을 위한 백1번각, 백2번각, 백3번각 (앞에서 본 모습)

단, 공이 라켓에 맞는 타이밍은 아래 그림과 같이 정점에서 약간 내려올 때를 기준으로 하였다.

그림 3. 정점에서 약간 내려오는 공에 라켓을 대는 모습 (백사이드)

로봇이 테이블 중간에서 공을 보내온다. 그 공은 내 백사이드 진영에 한 번 맞고 튀어 올라 최대 정점을 지나 내려올 것이다. 그 때 내 라켓에 맞고 상대방 테이블의 백사이드에 떨어진다. 대기만 해도 이러한 궤적을 만들어 주는 라켓각을 기본각, 그 공의 궤적을 이상적인 궤적이라 정의했다.

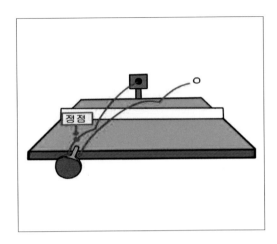

그림 4. 기본 라켓각과 이상적인 궤적 (백사이드)

사실 불필요한 설명일지 모르지만, 온 그대로 되돌아가는 것을 정확히 표현하자면 아래 그림 속 궤적과 같다. 하지만 알다시피 이건 탁구가 아니다.

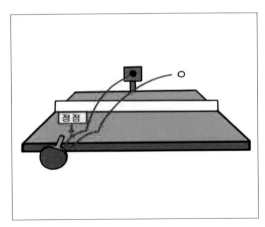

그림 5. 그대로 되돌아간다는 개념의 잘못된 궤적

자~ 이제 드디어 실험.. 에 들어가기에 앞서 잠깐, 지금 당신의 그립은 어떠한가?? 실험을 위한 그립을 잡고 있는가?? 그렇다면 이제 진짜 실험 고고!! 전혀 미는 힘 없이 아무 힘도 들이지 않고 그냥 대기만 해야 한다.

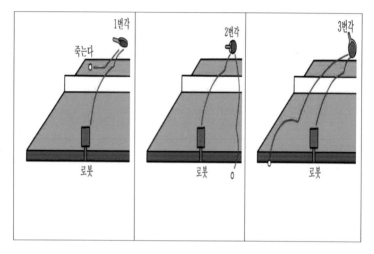

그림 6. 백1번각, 백2번각, 백3번각 댔을 때 되돌아가는 공 궤적

로봇 공을 그냥 대기만 했을 때 1번이 기본각인 사람들의 공은 무조건 아래로 향한다. 네트를 넘기긴커녕 자기 진영에 꼴아박는다. 그래서 이런 각으로 치는 사람들은 평소 이런 스윙 궤적을 보일 것이다.

그림 7. 빽1번각 스윙

왜냐?? 가만히 대고 있으면 죽으니까.. 라켓각은 얇지만 네트를 기어코 넘기겠다는 의지를 보이며 공의 위를 긁는 회전을 무지하니 먹일 것이다. 이게 틀렸다는 것은 아니다. 탁구에 정답은 없다. 하지만 나는 이런 탁구를 잘 안다. 바로 내가 쉐이크 전향 후 4년 동안 해 왔던 탁구이기 때문이다. 하지만 지금의 내 기준에서 봤을 때 이것은 매우 어렵고 힘든 탁구이다. 매번 나에게 오는 공에 맞서 위를 긁는 회전력을 이용해 반드시 이겨 내줘야만 네트를 넘어가는 탁구이기 때문이다.

2번이 기본각인 사람들은 가만히 대고 있으면 1번각처럼 자기 진영에 꼴아박는 공은 아니지만 공이 상대방의 화 쪽으로 갈 것이다. 상대방의 빽 쪽으로 가는 이상적인 궤적으로 공을 보내기 위해서는 자신의 오른쪽을 향하는 스윙을 추가해 주거나 라켓을 공에 대면서 라켓면을 약간 상대방 빽 쪽으로 바꾸는 힘이 필요할 것이다.

이것 역시 공을 맞추면서 추가적인 스윙이나 힘이 들어가야 하는 어려운 탁구이다.

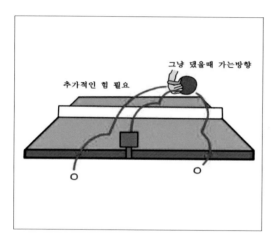

그림 8. 백2번각 + 추가적인 힘 = 이상적인 궤적

이외의 여러 각들을 대보았으나 로봇이 보내온 공 그대로 되돌아 가는 궤적은 없었다. 백3번각을 제외하고 말이다. 내가 가한 힘은 하나도 없이 그냥 대기만 했을 때, 오직 백3번각만이 로봇이 나에게 보내온 공의 궤적 그대로 되돌려 보낼 수 있었다. 그렇다면 이 각을 하고서 그냥 앞으로 밀어주기만 하면 되지 않을까 하는 생각이 들었다.

이제 그대로 앞으로 밀어 보자. 밀 때 3번각의 각도 변화는 없어야 한다. 어느 정도의 세기로 밀어주느냐에 따라 달라지겠지만 이제 공은 테이블 밖으로 나가려는 경향이 생길 것이다. 그렇다면 이제 당신은 테이블 밖으로는 나가지 않도록 약간 빽3번각을 숙이고 얕게 하여 앞으로 밀어주려 할 것이다. 원래의 빽3번각을 유지하며 숙이는 것이 중요하다.

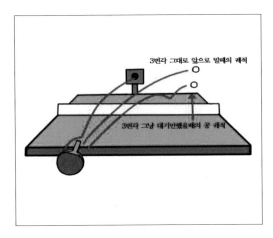

그림 9. 빽3번각 로봇실험 - 그대로 앞으로 미는 모습

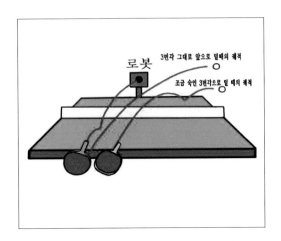

그림 10. 빽3번각 로봇실험 - 약간 숙여 미는 모습

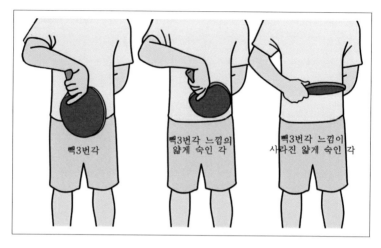

그림 11. 왼쪽부터 정상적인 빽3번각, 빽3번각 느낌을 유지하며 만든
얇은 각, 빽3번각의 느낌이 사라지며 만든 얇은 각

내가 추구하는 탁구

우리가 평소에 사용하는 기본각이 무엇인지는 자기 자신이 잘 안
다. 물론 게임 중이라면 공의 상황에 따라 각이 조금씩 변할 테지
만 각자의 기본각이라는 게 있을 것이다. 그 각을 사용해서 지금
로봇 앞에서 해 보길 바란다. 일단은 그냥 대기만 해서 어떤 궤적
을 보이는지 확인 바란다. 온 그대로 되돌아가는가?? 그렇지 않다
면 당신의 기본각을 바꿔 보길 추천한다. 나에게 온 공의 구질 그
대로 되돌아가게 해주는 라켓각으로!!

그렇다면 질문!! 그 라켓각으로 대면 점수가 잘 나겠는가?? 다시 말해 좋은 공격인 것인가?? 그렇지 않다. 나에게 온 공의 속도, 궤적 그대로 되돌아가는 공이 어떻게 좋은 공격이 될 수 있겠는가. 좋은 공격이 되려면 나에게 온 공의 속도, 구질 그대로 되돌려 보내주는 그 각이 변화를 해야 한다. 상황에 따라 조금 얇아질 수도 있고 조금 두꺼워질 수도 있다. 수비도 마찬가지다. 게임 중 상황이 여유롭지 못하다면 일단 그냥 기본각을 대서 앞으로 보내 주면 된다. 하지만 여유가 있는 상황이라면 그 기본각을 상황에 맞게 조금 바꾸어 더 위력적인 공으로 바꾸어 보내면 된다. 그렇게 생각하면 탁구가 조금 쉬워진다. 하지만 이건 차후의 일이다. 지금 필요한 것은 무엇인가?? 일단 자신의 기본각을 나에게 온 공 그대로의 구질로 되돌려 보내 줄 수 있는 각으로 바꾸는 것이다.

당신의 기본각은 그냥 순전히 대기만 했을 때, 자신에게 온 공 그대로의 구질로 되돌려 보내 주는가?? 그게 아니라면 당신은 어려운 탁구를 치고 있는 것이다. 자신이 생각하는 이상적인 공의 구질을 만들기 위해 당신은 회전을 가해주고 있거나 스윙 방향을 바꾸기 위한 힘을 추가시키고 있을 것이다. 기본각이 훌륭하다면 필요치 않았을 그런 것들을 말이다.

당신은 라켓을 그냥 갖다 댔을 때 공이 사는 각으로 죽이는 탁구를 하고 있는가?? 아니면 라켓을 그냥 갖다 댔을 때 공이 죽는 각으로 살리는 탁구를 하고 있는가?? 전자는 쉬운 탁구고 후자는 어려운 탁구다.

이제 화사이드로 가 보자.

적당한 속도의 공이 나에게 화로 온다. 이 역시 공의 속도가 너무 빠르면 안 된다. 적당한 속도 또는 약간 느린 공으로 여러 각을 만들어 직접 대보고 로봇이 보내온 공의 궤적 그대로 되돌아가는 라켓각이 있는지 확인해 보라. 역시 라켓각 3개만 언급하겠다.

화1번각 : 얇게 숙여져 있는 각
화2번각 : 두껍게 열어져 있으나 상대방 백사이드를 향해 밖으로
         까져 있는 각
백3번각 : 라켓 머리가 내려가 있고 라켓 오른쪽이 막혀 있으며
         약간 천장 보는 각

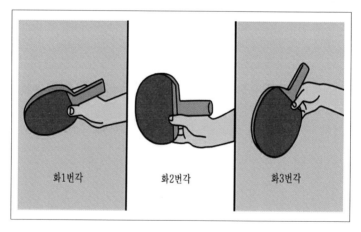

그림 12. 로봇실험을 위한 화1번각, 화2번각, 화3번각 (앞에서 본 모습)

공이 라켓에 맞는 타이밍은 앞 백사이드에서의 로봇실험처럼 정점에서 약간 내려와 있을 때를 기준으로 하였다.

그림 13. 정점에서 약간 내려오는 공에 라켓을 대는 모습 (화사이드)

로봇이 테이블 중간에서 공을 보내온다. 그 공은 내 테이블 화사이드 진영에 한 번 맞고 튀어 올라 최대 정점을 지나 약간 내려온다. 그 때 내 라켓에 맞고 상대방 테이블의 화사이드에 떨어진다. 대기만 해도 이러한 공의 궤적을 만들어 주는 라켓각을 기본각, 그 궤적을 이상적인 궤적이라 정의했다.

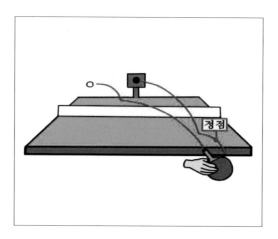

그림 14. 기본 라켓각과 이상적인 궤적 (화사이드)

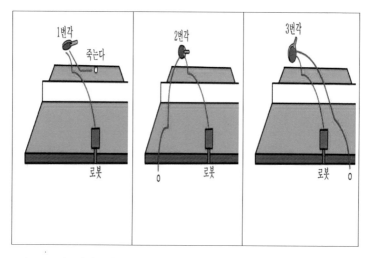

그림 15. 화1번각, 화2번각, 화3번각 댔을 때 되돌아가는 공 궤적

이번에도 역시 여러 각을 실험해 본 결과, 오직 화3번각만이 로봇이 보내온 공의 궤적 그대로 되돌려 보낼 수 있었다.

화1번각, 화2번각에 대한 설명은 앞의 **빽사이드**에서의 로봇실험과 같다. **빽핸드**든 포핸드든 원리는 같다. 로봇 공을 그냥 대기만 했을 때 화1번각이 기본각인 사람들의 공은 무조건 아래로 향한다. 네트를 넘기긴커녕 자기 진영에 꼴아박는다. 그래서 이런 각으로 치는 사람들은 평소 이런 스윙 궤적을 보인다.

그림 16. 화1번각 스윙

이번에도 역시 라켓각은 얇지만 네트를 기어코 넘기겠다는 의지를 보이며 공의 위를 긁는 회전을 가하려 할 것이다. 가만히 대고 있으면 자기 진영에 꼴아박게 되니 말이다. 어렵고 힘든 탁구가 아닐 수 없다.

2번이 기본각인 사람들은 가만히 대고 있으면 1번각처럼 자기 진영에 꼴아박는 공은 아니지만 공이 상대방의 **백** 쪽으로 갈 것이다. 상대방의 화 쪽으로 가는 이상적인 궤적으로 공을 보내기 위해서는 자신의 왼쪽을 향하는 스윙을 추가해 주거나 라켓을 공에 대면서 라켓면을 약간 상대방 화 쪽으로 바꾸는 힘을 추가하려 할 것이다. 이 역시 공을 맞추면서 추가적인 스윙이나 힘이 들어가야 하는 어려운 탁구이다.

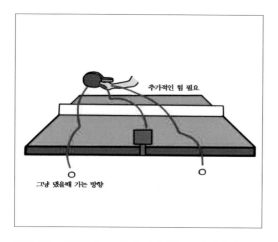

그림 17. 화2번각 + 추가적인 힘 = 이상적인 궤적

이번에도 역시 여러 각들을 실험해 보았으나, 화3번각을 제외하고는 로봇이 보내온 공을 그대로 되돌려주는 라켓각은 없었다. 백사이드에서의 로봇실험처럼, 이 화3번각을 대고 그대로 앞으로 밀어보면 테이블 밖으로 나가려는 경향이 더 생길 것이다. 그리고 테이블 밖으로 나가지 않게 하기 위해서는 3번각을 유지하는 느낌으로 약간 각을 숙여 라켓면을 얇게 하고 앞으로 밀면 된다.

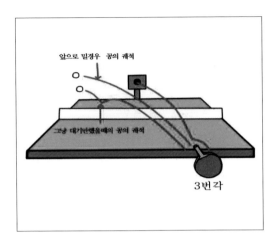

그림 18. 화3번각 로봇실험 - 그대로 앞으로 미는 모습

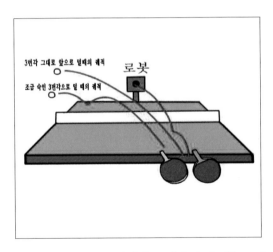

그림 19. 화3번각 로봇실험 - 약간 숙여 미는 모습

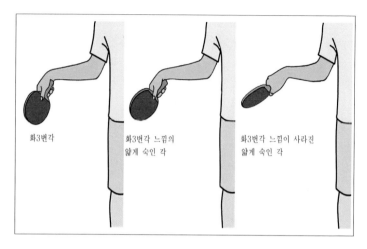

그림 20. 왼쪽부터 정상적인 화3번각, 화3번각 느낌을 유지하며 만든
얇은 각, 화3번각 느낌이 사라지며 만든 얇은 각

마찬가지다. 자신의 기본각이 자기에게 온 공 그대로의 구질로 되
돌아가는가?? 그렇다면 훌륭한 기본각이다. 하지만 좋은 공격은 아
니다. 좋은 공격을 위해서는, 상황에 맞게 조금은 각이 바뀌어야
한다. 기본각을 유지하면서 말이다.

참고)

각이 얇고 두껍고의 문제는 내가 공을 정점 전에 치느냐 정점 후
에 치느냐 또는 내가 공을 어떤 궤적으로 보낼 것이냐 회전을 얼
마나 먹일 것이냐 등의 여러 많은 요소에 의해 좌우될 수 있다.

2. 3벡터 이론

어느 날 친한 형님 한 분이 평소 내가 말하는 것과 똑같은 내용의 유튜브 영상이 있다며 그 영상을 나에게 보내 주었다. 신기하게 똑같았다. 쉐이크 공부를 시작한 이후로 갖게 된 평소의 탁구에 대한 생각과 많은 부분이 일치했다. 나의 생각을 일목요연하게 정리해 준 영상이었다. 모든 탁구 유튜브 영상 중에 내가 가장 좋아하는 영상을 소개한다.

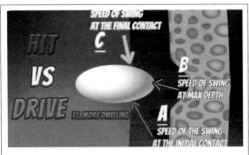

Table Tennis | Ping Pong [Must Know – HIT VS DRIVE] The Key for efficient...

youtu.be

Reference : http://youtu.be/r1rxS4YianE, Table Tennis | Ping Pong [Must Know - HIT VS DRIVE] The Key for efficient stroke.
탁구공을 끌고 가는 원리

이 영상을 보면 자기 테이블 영역에 한 번 공을 튀기고 상대방 진영으로 공을 보낼 때 앞에서의 1번각처럼 각이 얇고 숙여진 면을 이용하는 부분이 나온다. 이 때 이 영상에서는 "되긴 된다. 하지만 특정 순간의 특정한 스윙 스피드여야만 가능하다. 만약 스윙이 느리면 공이 네트에 걸리고 만약 스윙이 빠르면 공이 테이블 밖으로 나간다. 즉 스윙의 일관성이 없어진다." 라는 멘트가 나온다. 그러면서 그 이유를 "스윙의 진행 방향과 라켓의 접선 방향이 일치하지 않기 때문이다." 라고 설명한다. 말이 굉장히 어렵지만 우리는 반드시 이 말이 무슨 말인지를 이해해야 한다.

여기서 자칭 '3벡터 이론'이 등장한다. 벡터란 원래 크기와 방향을 함께 나타내기 위해 보통 화살표 기호를 사용하는 물리학적 개념이다. 화살표의 방향은 힘의 방향을 나타내고, 길이는 그 크기를 나타낸다. 하지만 이 책에서는 그냥 방향만 의미하는 것으로 하겠다. 그냥 '방향'이라는 단어보다는 '벡터'라는 단어가 있어 보이지 않은가..

어쨌든 3벡터 이론을 설명하겠다. 간단히 언급하면, '중요한 3개의 방향이 있고 그 3개의 방향이 일치할수록 쉬운 탁구다.' 라는 것이다.

첫째, 공의 방향 (공 궤적)
둘째, 스윙의 방향 (스윙 궤적)
셋째, 라켓면의 방향

그림은 화사이드를 기준으로 그렸지만 백사이드 역시 마찬가지다.

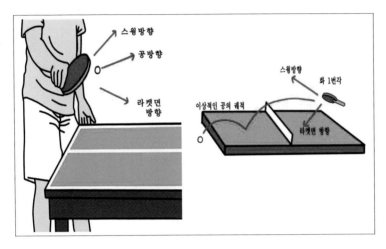

그림 21. 화1번각의 3벡터

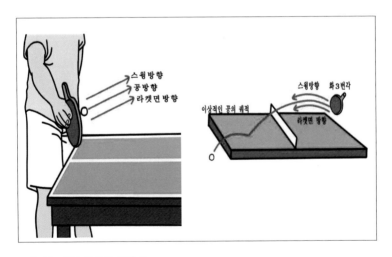

그림 22. 화3번각의 3벡터

각이 얇은 사람의 3벡터는 그 방향이 다 다르다. (그림 21) 그래서 각이 얇은 사람은 공의 위(12시 방향)를 긁으면서 스윙을 위로 하려 한다. 그렇지 않으면 공이 자기 테이블 영역에 떨어지며 죽기 때문이다. 이런 경우 회전으로 들어 올리는 탁구를 치려는 경향이 생긴다. 상대방 공이 쉬울 때는 그나마 된다. 하지만 상대방 공이 강하고 어려운 경우에는 타이밍 맞추기도 힘들고 이겨내기도 힘들다. 벡터 3개의 방향이 모두 다르기에 생기는 현상이다.

하지만 그림 22를 보자. 내가 보내려는 공의 방향, 내 라바면의 방향, 그리고 내 스윙의 방향 이 세 가지가 모두 일치한다. 회전을 걸어 넘길 필요가 없다. 탑스핀을 의도한 게 아니지만 저절로 탑스핀이 걸린다. 로봇실험으로 3번각을 이용해서 대보고 확인해 보라. 탑스핀이 저절로 걸려 있음을 알 수 있다. 그러므로 그림 21에서와 같이 얇은 각을 이용했을 때 필요한 그 회전 걸어주는 힘도 덜 필요하게 된다. 벡터 3개의 방향 모두가 일치하므로 가장 적은 힘으로 가장 효율적인 탁구를 칠 수 있다.

3. 어디가 정면인가

화를 칠 때의 정면은 어디인가?? 상대방의 화 쪽인가?? 상대방의 빽 쪽인가?? 높이는 어느 정도가 정면인가?? 그것에 대한 답은 자신이 보내는 공의 방향과 궤적에 달려 있다.

자신의 라켓에 맞는 순간, 자신이 보내는 공의 궤적을 바라보는 라켓각의 방향이 바로 정면이다. 공은 낮게 보내고자 하면서 라켓각을 너무 열면 안 되고 공은 높게 보내고자 하면서 라켓각을 너무 닫으면 안 된다. 만약 그렇게 하면 보내고자 하는 공의 궤적과 비교했을 때 벡터값이 다른 스윙 궤적이 나오게 된다. 공을 상대방의 화 쪽으로 보내려면 내 라켓의 오른쪽이 막혀 있어야 하고 상대방의 빽 쪽으로 치려면 내 라켓의 왼쪽이 막혀 있어야 한다. 그게 정면인 것이다. 아래 그림에서 서 있는 사람을 향해 공을 보낸다고 했을 때 정면각을 하고 있는 라켓각을 찾아보라. 정면각 라켓은 바로 라켓면이 사람을 가장 많이 바라보고 있는 3번각 라켓이다.

수많은 사람마다의 기본각이 있다. 당신의 기본각은 정면을 향하는가?? 잘 모르겠다면 당신은 다시 한번 로봇 앞에 서야 한다. 로봇이 보내오는 공을 대기만 해도 그대로 되돌려 보내 주는 각은 3번각이라고 했다. 만약 내가 나에게 온 공의 구질과 궤적을 바꾸고 싶지 않다면 무엇이 정면각인가?? 그렇다!! 대기만 해도 나에게 오는 공의 궤적과 구질 그대로 되돌아가게 해주는 각이 정면각이다. 만약 내가 나에게 온 공의 구질과 궤적을 바꾸고 싶다면 라켓각은 변한다. 그 변한 라켓각이 정면각이다. 그러므로 정면각은 정해져 있는 하나의 각은 아니다. 내가 보내고자 하는 공의 구질과 궤적에 따라 조금씩 바뀌는 개념이다.

그림 23. 정면각 (화사이드)

그림 24. 정면각 (빽사이드)

실험을 통해, 로봇이 나에게 보내는 공은 3번각으로 치면 좋다 라는 것을 알았다. 로봇실험에서는 3번각이 정면각이다. 왜냐하면 그 실험에서는 나에게 온 공의 궤적과 똑같은 궤적의 공으로 되돌려 보내는 걸 기준으로 삼았으니 말이다. 만약 나에게 온 공의 궤적과 다른 궤적으로 공을 보내고자 하면 내가 해 놓은 3번각이 내가 보내는 공에 맞게 변해야 한다. 이번엔 그 변한 각이 정면각이 된다.

그럼 이제 실제 게임으로 가 보자. 실제 탁구 경기 중에 나에게 오는 공을 생각해 보자. 다 똑같은가?? 앞 실험에서의 로봇실험에서처럼 항상 탁구대 중간에서 항상 똑같은 높이로 공을 보내오는가?? 그렇지 않다!! 실제 게임 중에 나에게 오는 공은 매번 다른 위치, 다른 높이, 다른 회전량, 다른 구질로 온다. 게임 중 상대방이 보내오는 공은 너무 어렵다. 세상 살면서 그렇게 어려운 게 없다. 하지만 이제부터는 너무 두려워하지 말자. 우리에겐 기본각이라는 것이 있다.

기본각은 무조건 3번각인가?? 로봇실험에서의 기본각은 3번각이지만 실제 게임에서 나에게 오는 공의 구질은 로봇이 보내오는 공과 다 다르다. 그리고 실제 우리는 게임에서 항상 정점에서 어느 정도 내려왔을 때를 기준으로 공을 치지도 않는다. 그러므로 로봇실험을 통해 배웠던 3번각을 그대로 사용하면 안 된다. 하지만 비슷은 하다. 크게 다르지는 않다. 나에게 올 수 있는 모든 공의 구질과 궤적, 그리고 각각의 경우에 따른 기본각을 모두 이 책에 담을 수는 없다. 사실 무한가지의 경우이기 때문이다. 핵심은 무엇인가?? 일단은 매번.. 그냥 대기만 해도 그대로 되돌아가는 라켓각을 자신의 기본각으로 사용하라는 것이다. 그런 후 상황에 맞게 조금씩 라켓 각을 바꾸어 내가 원하는 구질의 공을 만들어 내면 된다. 이것이 기본각과 정면각에 대한 나의 설명이다.

기본각 : 나에게 온 공의 구질과 궤적 그대로 되돌려 보내
주는 라켓각 (로봇실험에서의 3번각)

정면각 : 내가 보내고자 하는 공의 구질과 궤적을 만들어
주는 라켓각

어떻게 조금씩 바꾸는지에 대해서는 이 책을 읽어 나가면서 더 알게 될 것이지만 그래도 예를 한 가지 들어 보자면 다음과 같다. 바로, 자신의 포핸드드라이브를 상대방의 백사이드에 떨어지게 만들거나 자신의 백핸드드라이브를 상대방의 화사이드에 떨어지게 만들고 싶을 때이다.

화사이드에서의 이상적인 궤적으로만 서로 주고받는 상황에서는 화3번각이 기본각이자 정면각이 될 수 있지만 상대방의 백사이드로 빼는 화드라이브를 걸고 싶을 때엔 오른쪽이 덜 막힌 화3번각이 정면각이 된다. 마찬가지로 백사이드로만 서로 주고받는 상황에서는 백3번각이 기본각이자 정면각이지만 상대방의 화사이드로 빼는 백드라이브를 걸고 싶을 때엔 왼쪽이 덜 막힌 백3번각이 정면각이 된다.

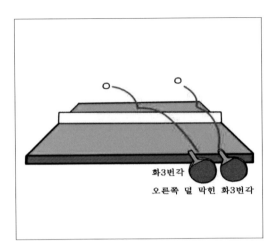

그림 25. 오른쪽이 덜 막힌 화3번각

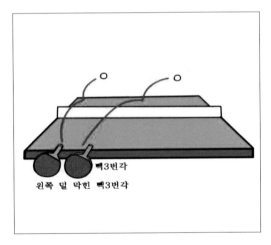

그림 26. 왼쪽이 덜 막힌 빽3번각

참고로 앞의 로봇실험에서 기본 3번각으로 밀 때 테이블 밖으로 나가는 경향이 생기므로 3번각을 유지하는 느낌으로 조금 숙여주는 것이 좋다 라고 하였다. 이 또한 기본각을 바꾸어 정면각을 만들어 내는 상황에 대한 예가 될 수 있겠다.

상대방이 나에게 보내는 공이 내 테이블에 맞고 튀어 오르기 시작하여 정점을 지나 바닥을 향해 떨어진다. 이 공의 궤적 타이밍 중 내가 어느 타이밍에 공을 치느냐에 따라 나의 정면각이 달라진다. 단, 공의 궤적은 이상적인 드라이브의 궤적일 때로 정했다.

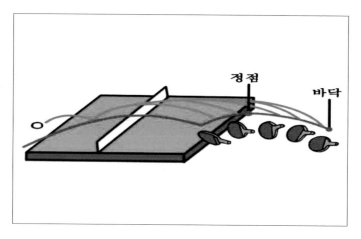

그림 27. 타이밍에 따른 화드라이브 정면각의 변화

라켓 머리를 내리고 오른쪽을 막은 상태에서 공을 치는 것은 똑같으나 공을 어느 타이밍에 치느냐에 따라 라켓의 기울기가 달라진다.

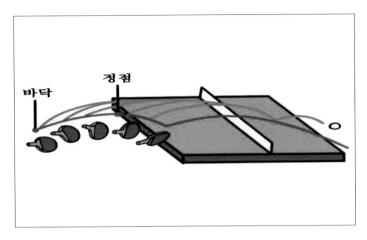

바닥
정점

그림 28. 타이밍에 따른 빽드라이브 정면각의 변화

이번에는 라켓 머리를 내리고 왼쪽을 막은 상태에서 공을 치는 것
은 똑같으나 공을 어느 타이밍에 치느냐에 따라 라켓의 기울기가
달라진다.

이 정도면 기본각과 3번각 그리고 정면각에 대한 차이를 설명한
것 같다. 로봇실험에서는 3번각이 기본각이자 정면각이다. 일반적
인 경우 나에게 온 공의 구질 그대로 되돌려 보내고자 할 때는 기
본각을 쓰면 되고 그게 바로 정면각이다. 하지만 나에게 온 공의
구질과 궤적과는 다르게 보내고자 할 때에는 기본각을 조금 바꾸
어 내가 의도한 공의 구질과 궤적에 맞게 정면각을 만들어 사용하
면 된다.

정리하면 나의 요지는 '3번각을 기본각으로 하면 편하다' 이다. 보
통 나의 화사이드로 오는 공은 상대방의 화사이드에서 오고 나의

빽사이드로 오는 공은 상대방의 빽사이드에서 온다. 비록 로봇은 테이블 중앙에서 공을 보내오는 것이고 실제 게임에서 나에게 오는 공은 다 다르긴 하지만 큰 차이는 없다고 설정을 하는 것이다. 그렇게 하면 상황은 간단해지고 3번각이 기본각이 된다. 이제 그 3번각을 조금씩 바꾸어 가며 상황에 맞는 나만의 정면각을 만들어 치면 된다.

지금까지 기본각과 정면각에 대해 많은 세세한 설명을 하였는데, 사실 미리 말하지만 크게 보면 다음과 같다.
 - 각론 민볼화드라이브 92~94p, 민볼빽드라이브 105~111p 참조

"기본각(3번각) = 정면각"

어디가 정면이고 정면각이 무엇인지를 알게 되었다면 앞 장의 3벡터 이론 중 한 가지인 '스윙 방향(스윙 궤적)'으로 다시 가 보자. "가장 안정적이고 효율적인 탁구는 공의 방향(궤적)과 라켓면의 방향(정면각), 그리고 스윙의 방향(궤적)이 일치할 때 나온다." 라고 했다. 결론부터 얘기하면 오직 정면각일 경우에만 내가 보내는 공의 궤적과 내 스윙의 궤적이 일치한다는 것이다. 내 스윙의 궤적이 내가 보내는 공의 궤적과 크게 다르지 않아야 한다. 기본각이 잘못되어 있으면 내 스윙의 궤적이 내가 보내는 공의 궤적과 같을 수가 없다. 공은 앞으로 가게 해서 테이블로 떨어지길 바라면서 스윙을 위로 많이 가져가면 안 된다. 그게 물리학적이고 상식적인 것이다.

물론 탁구에는 정답이 없는 것이고 각자의 스타일대로 하면 된다라고 하면 할 말은 없다. 나는 뭐가 맞다 안 맞다를 주장하는 것이 아니다. 앞서 언급했듯, 각이 얇아 그냥 대면 죽으니 보내고자 하는 공의 궤적보다 더 높은 방향을 향해 위로 스윙을 가져가는 힘을 추가해 주는 것, 그것은 어려운 탁구이다. 혹자는 그래서 허리나 다리를 잘 쓰면 된다 라고 말한다. 하지만 내 생각은 다르다. 공을 온 그대로 그냥 돌려보내는 데 왜 힘이 그렇게 많이 필요해야 할까. 반사신경이 필요할 정도로 급하고 정신없는 상황에 허리, 다리를 어떻게 쓴다는 말인가. 이렇게 말할 순 있을 것 같다. 기본각과 정면각을 올바르게 이해하고 사용하는 상황에서 추가로 임팩트, 회전, 허리, 스텝 이런 것들이 가해진다면 더 강력하고 좋은 구질이 만들어질 것이라고.

제일 좋은 스윙은 자기가 보내는 공의 궤적 그대로를 따라가는 스윙 궤적을 보인다.

그러려면 정면각이 필요하다. 정면각이 아니면 스윙 궤적이 내가 보내는 공의 궤적과 달라진다.

정면각은 기본각으로부터 조금씩 바꾸는 것이고 기본각은 3번각으로 설정하면 좋다.

스윙 궤적은 뒤의 각론에서 다시 언급하겠다.

4. 중펜의 환상적인 각

때는 2021년 12월 어느 날.. 쉐이크 유저 생활 6년째 어느 날 갑자기 중펜을 잡아 보았다. 주위에 중펜 치는 코치와 친한 형님이 있었다. 그래서 그냥 잡아 보았다. 그립은 그분들이 알려주었다. 정확한 그립을 잡고 해 보았다는 뜻이다. 실제 공을 주고받았다. 그런데 너무나 충격적이고 신비로운 느낌을 받았다. 뭐라 표현해야 할지 모를 정도의 튼튼하고 안정된 느낌.. 내가 뭔가를 하는 것 없이 대기만 해도 다 들어갈 것 같은 느낌을 받았다.

이때부터였다. 그 날 중펜을 잡고 받은 느낌대로 쉐이크를 치려고 발버둥을 치기 시작했던 것이.. 나는 화, 백의 모든 기술들을 그날 중펜을 잡아 보았을 때 느꼈던 느낌으로 하려 했다. 한마디로 쉐이크를 잡고 그 때 느낀 중펜각의 느낌처럼 치려 했다. 그 날 중펜을 잡고 내가 받았던 느낌은 확실히 단순한 느낌이 아니었다. 실력이 늘기 시작했다. 쉐이크 전향 후, 지지부진했던 또는 늘기는 늘었으나 여전히 불안했던 기술들의 안정감과 파워가 좋아지기 시작했다. 그런 의미에서 나는 모든 쉐이크 유저분들이 중펜을 잡아 보아야 한다고 생각한다. 물론 중펜의 정확한 각과 그립을 이해한 후에 말이다.

중펜은 중펜을 정확히 잡았을 때 보이는 특유의 기본각이라는 게 있다. 라켓 머리가 내려가 있으면서 포핸드의 경우엔 라켓 오른쪽이, 백핸드의 경우엔 라켓 왼쪽이 막힌 느낌의 모습.. 어디서 본 그림 아닌가?? 그렇다. 앞에서 계속 언급한 3번각과 비슷하다.

이건 순전히 내 생각일 수 있지만 중펜 유저는 최고의 각으로 탁구를 치는 사람들이다. 왜냐하면 이들은 로봇실험에서의 3번각을 기본각으로 하고 있기 때문이다.

사진 1. 중펜의 기본 포핸드 라켓각
  - 라켓 머리가 내려가 있고 라켓 오른쪽이 막혀 있으며
    약간 천장 보는 느낌의 모습

사진 2. 중펜의 기본 백핸드 라켓각
  - 라켓 머리가 내려가 있고 라켓 왼쪽이 막혀 있으며
    약간 천장 보는 느낌의 모습

사진 3. 중펜 그립 (일명 왕하오 그립) - 펜홀더처럼 수비 불가능

사진 4. 중펜 그립 (일명 마린 그립) - 펜홀더처럼 수비 가능

실제로 일본의 유명 탁구 선수 중에 독특한 그립을 사용하는 10대
의 여자 탁구 선수가 있다. 이 선수는 쉐이크 라켓을 사용하지만
보기에 많이 이상해 보이는 그립을 잡고 친다. 사람들은 "독특한
그립이다. 탁구를 이상하게 친다." 라고 말하지만 내가 볼 때는 아

주 정상적으로 보인다. 이 일본 여자 탁구 선수는 라켓각을 정확히 이해하고 있는 선수이다.

(Reference : www.google.co.kr)
사진 5. 일본 유명 여자 탁구 선수의 기본 그립 - 라켓 머리가 내려가 있고 왼쪽이 막혀 있으면서 약간 천장 보는 느낌의 빽3번각

(Reference : www.google.co.kr)
사진 6. 일본 유명 여자 탁구 선수의 실제 빽을 치는 모습 - 빽3번각을 유지한 채 약간 숙여 빽드라이브 공격을 하는 모습

위 사진 속 일본 선수가 지금 일본의 최정상의 실력을 보이는 선수는 아니다. 현재 일본의 최정상 선수는 일반 쉐이크 그립을 잡고

있다. 그러므로 이 독특한 그립의 선수가 사용하는 라켓각은 일반 쉐이크 선수의 라켓각보다 안 좋은 라켓각일까?? 무엇이 정상인 걸까??

나는 누가 누굴 이긴다를 말하는 것이 아니다. 보다 쉬운 탁구가 있다는 걸 말하는 것이다. 탁구에는 다양한 요소가 관여되고 당연히 어려운 탁구가 쉬운 탁구를 이길 수 있다. 그것이 탁구다.

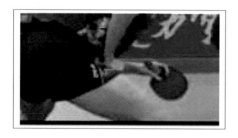

(Reference : www.google.co.kr)
사진 7. 유명 중펜 선수의 기본 자세 - 라켓 머리가 내려가 있고
       왼쪽이 막혀 있고 약간 천장 보는 느낌의 화3번각 (왼손)

(Reference : www.google.co.kr)
사진 8. 유명 중펜 선수의 화드라이브 모습 - 라켓 머리가 내려가 있고
       오른쪽이 막힌 화3번각을 유지한 채 약간 숙인 모습

위 사진들 속 유명 선수들 모두 라켓 머리를 내리고 공이 바깥쪽으로 빠져나가지 못하게 라켓의 옆을 막고 있는 모습이다.

> ## 중펜의 기본각 = 로봇실험에서의 3번각

내가 볼 때 중펜의 기본각은 최고이다. 하지만 쉐이크 라켓을 들고 아무리 해도 내가 그때 중펜 라켓으로 쳤을 때의 그 느낌 그대로는 낼 수 없었다. 한마디로 중펜과 쉐이크는 완전히 다른 라켓이었다. 그렇다면 결론은 중펜으로 전향을 하거나 아니면 쉐이크를 들고 최대한 중펜각 느낌이 나게 해야 한다고 말할 수 있다.

중펜으로의 전향이 어렵다면 쉐이크 라켓을 잡고서 어떻게 하면 최대한 중펜 기본각 느낌이 나게 할 수 있을까?? 그러기 위해서는 '그립'이 중요하다. 그립은 각론에서 설명하겠다.

참고)
중펜은 중펜 나름대로의 장단점이 있다. 내가 중펜이 좋다고 말하는 것은 중펜 특유의 기본 라켓각에 대해서 그렇다는 것이다. 어떤 다른 부분들에서는 좋지 않을 수 있다.

5. 얹어서 보내는 개념

'얹어서 보낸다!!' 나는 표현을 이렇게밖에 하지 못하겠다. 생각해 보면 그동안 나는 얹어서 보낸다는 개념이 없었다. '얹어서 보내는 탁구'에 대한 개념이 생긴 건 이 책을 쓰는 시점 기준, 1년도 채 되지 않았다. 과거의 내가 상식적이라고 생각했던 탁구는 '걸어주는 탁구'였다. 탁구는 당연히 거는 거였다. 강력한 회전을 먹여 꽂히는 드라이브일수록 좋은 드라이브라고 생각했다. 하지만 이젠 아니다. 지금은 안전하게 라켓에 얹어서 되돌려 주고 회전은 조금 추가시키는 정도면 된다 라고 생각한다.

물론 최종 버전은 안정감 있고 파워도 있으면서 회전도 많이 실린 드라이브여야 한다. 일반 생체인들의 목표도 그러할 것이다. 하지만 지금까지의 내 경험상 그게 지금의 목표가 되어서는 안 된다. 그러면 이루지 못할 것이다. 그건 말 그대로 최종 목표여야 한다. 오픈 1부 또는 선수 수준의 파워와 회전이 섞인 드라이브를 하려는 생각보다는 어떠한 구질의 공이 오더라도 그냥 얹어서 되돌려 보낼 수 있는 그런 기본각을 이해하고 그 각 위에 조금의 파워와 회전을 얹어 보자. 그게 지금 우리에게 가장 필요한 부분이다.

앞장 '3벡터 이론'을 설명할 때 유튜브 영상 하나를 소개했다. 제목을 기억하는가. 제목은 '탁구공을 끌고 가는 원리 공개' 이다. 탁구공을 끈다는 건 무슨 의미일까. 탁구공이 탁구 라바 위에 가장 오래 머물게 한다는 뜻 아닐까. 나는 '공을 끌고 간다'와 '공을 얹어 보낸다'가 같은 뜻이라 생각한다. 그리고 그것은 오는 공에 대

한 나의 각이 '기본각(3번각)'일 때가 가장 그럴 수 있다고 생각한
다. 각이 얇으면 비스듬히 맞으므로 라바 위에 머무는 시간이 짧
다. 공을 끌고 가거나 얹어 보낼 수가 없다. 빨리 회전을 걸어주거
나 때려야 한다. 자신이 회전을 걸어주거나 때리는 탁구를 하고 있
지는 않은지 생각해 볼 일이다. 회전을 걸어주든 때리든.. 얹어서
보내는 느낌 하에 한다면 더 좋은 구질이 만들어질 거라 생각한다.

자신이 공을 잘 얹어 보내고 있는지를 확인하는 방법이 있다. 정말
잘 얹어 보낸다면, 나에게 오는 공의 속도와 비교해 보았을 때 내
가 보내는 공의 속도가 비슷하거나 심지어는 더 느리게 보내지기
도 한다. 궤적도 더 높아질 수 있다.

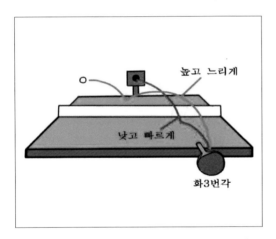

그림 29. 얹어서 높고 느리게 보내기 (화)

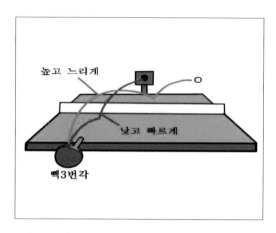

높고 느리게

낮고 빠르게

빽3번각

그림 30. 엎어서 높고 느리게 보내기 (빽)

느리게 보냈을 때 자신이 원하는 궤적의 공으로 정확히 보낼 수 있는가를 확인해 보자. 느리게 보내지지가 않고 빠르게 보낼 수 밖에 없으면서 궤적도 높지 않거나 공이 원하는 방향으로 가지 않는다면 당신은 정면각에 엎어 보낸 것이 아니다.

포핸드든 백핸드든 당신의 라바 위에 최대한 오랜 시간 머물게 해서 엎어 보내는 것이 기본이 되었으면 좋겠다. 그러기 위해서는 기본각과 정면각이 필요하다. 다시 한번 말하지만, 정면각만이 당신이 보내고자 하는 공의 궤적 그대로를 따르는 스윙 궤적을 만들어 준다.

6. 인지부조화 이론

이 개념에 대해서 당신은 동의할 수도 있고 동의하지 않을 수도 있다. 하지만 누구든 한 번은 들어볼 필요가 있다고 생각한다.

내가 이 개념을 처음 알게 된 건 친한 형님을 통해서다. 형님은 수개월째 자신의 코치에게 레슨을 받고 있었고 당시 그 형님은 자신이 받는 모든 레슨을 카메라 영상에 담아 보관하며 복습을 반복하곤 했다. 어느 날 형님이 나에게 말했다. 코치가 하는 말과 코치가 실제 하는 폼이 다르다 했다. 코치가 A처럼 하라 해서 A처럼 하려 했는데 막상 코치가 직접 시범을 보이는 영상에서는 B처럼 한다는 것이었다. 나는 형님에게, "어떻게 그럴 수가 있느냐 선수인데.. 말이 되지 않는다." 라고 말을 했고 이에 형님은 "그런 적이 의외로 많다." 라고 했다.

우리 주위에 이런 일은 의외로 많다. 대표적인 인지부조화적인 상황으로는 다음과 같은 예를 들 수 있다.

- 레슨 코치가 레슨을 할 때 자신이 평소 치는 그대로를 설명하고 있다고 생각함
- 선수들 영상이나 레슨 코치가 하는 폼을 보고 따라 하면서 자기가 그걸 똑같이 따라 하고 있다고 생각함
- 자신이 '이렇게' 치고 있다 생각하고 영상을 찍었는데 실제 영상 속에서는 '저렇게' 하고 있음

앞에서 3번각을 이용한 정면각을 느껴 보았는가. 뒤 각론에서의 화드라이브와 빽드라이브 파트까지 다 읽어본 후 익숙해지면 영상을 찍어 확인해 보라. 내 마음속에서 내가 하고 있다고 생각하는 라켓각이나 스윙 궤적이 실제 찍은 영상 속에 보이는 라켓각이나 스윙 궤적과 일치하는가?? 아마 그렇지 않을 것이다.

내가 3번각처럼 엄청나게 열어 놓고 심지어 천장을 보고 있는 정도의 라켓각으로 탁구를 치고 있다 생각해도 실제 영상을 찍어보면 그 각보다 얇은 각을 하고 있을지 모른다. 나는 많은 사람들이 이런 인지부조화적인 상황 때문에 혼란을 겪고 있다고 생각한다. 이것은 유명한 선수들의 경기 영상을 보며 그대로 따라 하는데도 잘 되지 않는 이유가 될 수 있다. 물론 당연히 이런 이유 하나 때문에 우리가 선수처럼 치지 못하는 건 아니다. 다시 한번 언급하지만, 탁구는 단순한 운동이 아니며 나는 단지 이 책에서 '라켓각'과 '라켓각에 따른 스윙 궤적' 부분만을 언급할 뿐이다.

어쨌든 그래서 필요한 것이 마인드핑퐁!! 바로 '마음속 탁구'이다. 나는 결론을 내렸다. 선수들의 영상을 보고 따라 하면 선수처럼 칠 수 없다고!! 마음속 각이 중요하다. 선수들의 마음속 각을 따라 해야 한다. 나는 실력 있는 선수일수록 마음속 각이 3번각과 비슷할 거라고 생각한다. 틀릴 수도 있지만 그냥 나의 생각은 그렇다. 실제 치는 라켓각은 딱 한마디로 어떻게 정의를 내릴 수 없는 여러 요소들에 의해 바뀐다. 그것들은 인체의 근골격계 관련한 요인 때문일 수도 있고 아니면 우리 뇌의 어떠한 인지시스템적인 요인 때문일 수도 있다.

> 마음속 각 + '무엇' = 실제 보이는 각
>
> 실제 보이는 각 - '무엇' = 마음속 각

그 '무엇'이 무엇인지는 정확히 모른다. 하지만 실제 보이는 각을 마음속 각과 다르게 만드는 '무엇'인가가 존재하는 것 같다. 보이는 각을 그대로 따라 하려 하면 안 되는 이유이다.

코치는 많은 가르침을 우리에게 준다. 하지만 코치가 하는 말을 전부 그대로 듣지 말길 바란다. 자꾸 의심하고 영상을 찍어 확인해 보라. 코치를 믿지 말라는 게 아니다. 인지부조화가 있을 수 있다는 걸 깨달으면 코치를 더 잘 믿을 수 있게 된다. 마음과 행동의 차이 그리고 보이는 것과 느끼는 것의 차이, 이러한 인지부조화적인 요소들을 이해하는 것이 중요하다.

예를 한번 들어 보자. 나의 친한 형님이 어느 날 자신의 새 코치에게 레슨을 받은 지 약 6개월쯤 되던 어느 날이었다. 커트볼백드라이브 레슨을 받은 날이었는데 형님은 코치가 자기에게 이것만 하라고 시켰다고 말하면서 내 앞에서 그 배운 거를 시범 보여줬다. (참고로 형님과 코치는 모두 중펜 유저이다.) 나는 그 때 형님을 보며 웃지 않을 수 없었다. 자세가 매우 이상했기 때문이었다. 라켓각을 아주 많이 열고서는 무릎 높이에서 머리 높이로 그냥 아래에서 위의 일직선 방향으로 계속 들어 올리기만 하는 자세였다.

그림 31. 내가 비웃었던 형님의 중펜 커트볼백드라이브 스윙 폼

나는 그 모습을 보며 형님께 "형님~ 제가 아무리 탁구에 대해 잘 모르지만 어떻게 탁구를 이렇게 가르칠 수가 있죠?? 저는 절대 그 코치한테는 안 배워야겠네요." 라고 말했다. 하지만 형님은 그렇게 한동안 그 이상한 행위를 열심히 연습했고 그리고 이후 얼마 지나지 않아 거짓말처럼 매우 질 좋은 커트볼백드라이브를 선보였다. 폼도 선수 못지않은 멋진 폼을 구사했다. 나는 나중에 형님께 "형님 커트볼백드라이브가 이렇게 좋아진 이유가 뭐예요??" 라고 물었고 형님은 "그 때 니가 이상하다고 비웃었던 그 느낌을 많이 가져가니까 좋아지던데??" 라고 말하였다.

그리고 나는 이 책을 쓰기 몇 달 전 우연히 중국 탁구 류궈량 총감독과 왕하오 선수가 중펜을 연구하던 시절의 유튜브 영상을 보게 되었는데 너무 놀라서 말이 나오지 않았다. 왜냐하면 류궈량 감독이 중펜을 들고 형님의 그 이상하고 웃긴 스윙 자세를 똑같이 하며 연습하고 있었기 때문이었다. 무슨 말인지 이해가 되는가??

말도 안 되게 이상했던 그 행위는 소위 '마음속 탁구'인 것이고 이런 '마음속 탁구'를 기본 마인드로 가지고 있어야 보기에도 좋은 커트볼백드라이브를 구사할 수 있다는 것이다. 그리고 그 때 형님은 그 새로운 코치로부터 커트볼백드라이브를 잘 처리하기 위한 두꺼운 각의 '마음속 느낌'을 배운 것이다. 우리는 보통 왕하오의 커트볼백드라이브를 보면서 우리의 눈에 보이는 멋진 폼과 얇아 보이는 각을 따라 한다. 하지만 눈에 보이는 멋진 폼과 얇은 각을 따라 하면 잘 되는가?? 그렇지 않을 것이다. 우리가 가장 먼저 따라 해야 하는 것은 그 류궈량 총감독과 형님이 했던 우리 눈에 이상해 보이는 그 두꺼운 라켓각의 마음속 탁구인 것이다.

왕하오 선수와 류궈량 총감독 그리고 형님의 중펜 코치, 이 세 사람의 기본적인 마음은 어떠했는가. 내가 처음에 비웃었던 형님의 그 이상한 동작이 마음속에 있을 것이다. 그 '마음속 탁구'가 실제 눈에 보이는가?? 아니다. 눈에는 절대 보이지 않는다. 임팩트나 파워, 회전을 극대화하기 위한 또는 커트공을 앞으로 보내기 위한 어떠한 내가 잘 모르는 메커니즘들이 다른 사람의 마음속 탁구를 눈에 보이지 않게 한다.

우리는 마음속 탁구를 알아야 한다. 눈에 보이는 탁구를 통해서는 마음속 탁구가 보이지 않는다. 실제 자신이 지금 하고 있는 탁구에 마음속 탁구를 추가해 보길 바란다. 탁구가 더 쉬워질 것이다.

내가 생각하는 마음속 탁구는 바로 '3번각'이다

7. 레슨에 대한 나의 생각

레슨은 보통 선수 출신 코치들이 한다. 선수 출신 코치는 생체인들과는 확연히 다른 탁구 실력을 보인다. 한마디로 잘 친다. 소위 '리스펙트' 할 정도로 잘 친다. 그래서 우리는 그들에게 배운다. 그들이 나보다 잘 친다는 것이 그들에게 탁구를 배우는 이유이다.

레슨..

처음 배울 때엔 드라마틱하게 늘 것을 기대하고 초롱초롱한 눈으로 시작한다. 하지만 어느 정도의 시간이 지나면 알게 된다. 뭔가 생각대로 잘 늘지 않는다는 것을. 레슨 받을 때에는 뭔가 배웠고 잘 되는 것 같으나 게임만 들어가면 이상하게 잘 되지 않는다. 그렇게 5년이 가고 10년이 간다. 20년도 간다. 그리고 이렇게 말한다. "탁구는 원래 어렵고 잘 안 느는 운동이야. 선수물을 먹지 않아서 그래. 나이 먹으면 원래 잘 안 늘어. 난 즐탁이야." 라고.. 그리고 이제 우리는 헤어나올 수 없는 익숙함에 빠져 변하지 않는 게 당연한 상태가 된다. 변하면 이상하다 느낀다.

가르치는 사람도 괴롭다. 가르쳐 주는데 그대로 따라 하지 못하는 자신의 회원을 어떻게 해야 할지를 모른다. 처음엔 이 말도 하고 저 말도 해서 바꿔 보려는 노력을 하지만 언젠가부터 "네~ 좋아요~ 그렇죠~" 라고 말하며 공만 던져주고 있다. 레슨 받는 사람들이 어떻게 치든 관심이 없다. 당연히 실력의 상승은 없다. 레슨을 가르치는 능력의 실력 상승도.. 레슨을 배우는 사람의 실력 상승도.. 더 이상은 없다. 언젠가부터 그게 당연한 것이 된다.

그림 32. 레슨 전과 후의 얼굴 표정

대학교수 vs 학원강사

대학교수는 뛰어난 연구실적과 깊이 있는 학문적 역량을 자랑한다. 하지만 수업 때 학생들은 무슨 말인지 잘 몰라 한다. 어려운 말도 많고 발음이 좋지 않은데 중얼거리기까지 한다. 학생들은 졸음이 오고 수업 때 얻는 건 별로 없다. 반면 학원강사는 대학교수보다는 연구 및 학문적 역량 면에서 모자란다. 하지만 수업 때 학생들은 잘 알아듣는다. 어려운 말도 쉽게 풀어주거나 강사만의 특별한 공식을 만들어 학생들에게 갖가지 요령을 알려주기도 한다. 유기화학이라는 과목을 예로 들어 보자. 이 과목은 나의 대학교 전공수업 시간에도 있었고 의전원 시험 과목에도 있었다. 나는 대학교 때 유기화학 수업이 너무 어려웠고 F 학점을 받았을 정도로 무슨 말인지 잘 이해하지 못했지만 그랬던 그 과목을 의전원 시험 학원 수업을 통해 전부 다 이해했다. 무엇을 의미하는가. 다른 예를 들어 보자.

학생 때 1등만 하며 당연히 교수가 된 의대 교수 vs 학생 때 유급도 여러 번 당했지만 간신히 교수까지 된 의대 교수

의대는 유급이 많다. 한 과목이라도 유급을 당하면 1년이 날아간다. 시험이 적은 것도 아닌데 말이다. 어쨌든 어느 날, 한 교수가 자신의 수업 시간에 들어와서 "이번 시험에서는 다른 교수님들이 평소보다 유급 비율을 더 늘리려 한다. 그러니 유급 당하지 않게 공부를 더 열심히 잘 해라" 라고 말씀하셨다. 당연히 학생들은 싫어하며 "왜 이렇게 교수님들은 유급을 못 시켜서 안달이냐"는 원망 섞인 투의 목소리를 내었고 이 때 그 교수는 이런 말을 하였다. "그들은 너희들의 마음을 모른다. 그들은 너희들이 공부를 왜 못하는지를 절대 이해하지 못한다. 알 수가 없다. 맨날 1등만 하신 분들이라.. 하지만 나는 이해한다." 라고..

그 때 그 수업을 하신 교수는 학생 시절 유급을 여러 번 당했지만 겨우겨우 어찌어찌 버티고 살아남아 교수까지 되신 분이고 다른 대부분의 교수들은 유급이라는 걸 당해 보지 않은 소위 엘리트 코스만 밟아온 교수들이었다.

교수를 폄하하는 게 아니다. 그리고 모든 교수가 그렇다는 게 아니다. 당연히 교수로서의 연구 업적이나 사회적 역할 등에 대해서는 존중을 표한다.

우리는 우리를 이해할 수 있는 또는 이해하려 하는 코치를 만날 필요가 있다.

'라켓각에 대한 선수들의 생각'에 대한 나의 생각

이건 어디까지나 나의 생각이고 모두가 그렇지는 않겠지만, 대체적으로 선수들은 라켓각이나 그립에는 관심이 없다. 심지어 "각이나 그립은 탁구에 있어서 그리 중요한 건 아니다." 라고 말하는 선수도 있다. 아니 많다. 나도 약 2년 전까지는 그렇게 생각했다. 하지만 이제 나는 그렇게 생각하지 않는다. 왜냐하면 우리는 생활체육인이니까!! 우리에게 중요한 것은 라켓각과 그립이어야 한다. 우리생체인은 평소 연습 시간이 많지 않고 어렸을 때부터 시작했기에 자신의 몸 깊숙이 배어 있는 탁구 감각 같은 것도 없다.

그렇다면 선수들은 왜 라켓각은 중요치 않다고 말하는가. 왜 그들은 빠른 스피드와 임팩트 그리고 스텝이나 허리가 더 중요하다 말하는가. 공을 빠르게 보내라고 가르치는 코치는 많아도 공을 느리게 보내라고 가르치는 코치는 거의 없다. 이건 내 추측인데 그러므로 틀린 생각일 수 있지만.. 그들은 자신들의 선수 시절 중 가장 마지막 시점을 기억하는 것 같다. 더 강력한 임팩트와 더 강력한 회전이 필요했던.. 선수로서의 최고 기량을 보이던 시점 말이다. 강력하고 파괴적인 것이 중요했던.. 각에 대한 생각은 필요가 없다. 왜냐하면 그들은 이미 예전에 자신만의 각을 완성시켜 놓았고 그 각으로 공 넘기는 법을 몸이 기억하고 있을 정도로 많은 연습을 했기 때문이다.

그렇다면 그들은 처음부터 각이 상관없었을까. 자 이제 선수들의 어린 시절로 가 보자. 테이블 높이의 키로 탁구를 시작하던 시절..

상상해 보라 그들의 어린 시절 모습을.. 그들은 본능적으로 안다. 라켓각을 숙이면 안 된다는 것을.. 왜냐하면 키가 작으니까.. 키가 작고 힘이 없는데 각을 숙여 친다는 것이 말이 되는가. 그렇게 하면 자기 진영 테이블에 다 꼴아박게 된다. 그들은 본능적으로 각을 연다. 하지만 성인이 되어서는 어릴 적 라켓각을 그렇게 열고 쳤다는 기억은 이제 없다. 사실 없어진 건 아니고 기억 속 어딘가에 '각인된 DNA'처럼 남아 계속 그들의 몸을 지배하고 있을 거라 생각된다.

우리는 키 작은 어린 선수처럼 해 본 적이 있는가?? 많이 열어 놓은 각으로 쳐본 적이 있는가?? 지금 우리의 임팩트와 회전은 많이 열어 놓은 각이 익숙해지고 DNA처럼 내 몸과 머리에 각인된 다음에 하는 것인가 아니면 라켓각은 상관없이 처음부터 임팩트와 회전이 중요하다고 배웠기에 하고 있는 것인가?? 선수들은 선수로서의 커리어를 마치고, 생활체육 안으로 들어와 우리에게.. 선수로서의 최고 기량을 구사하던 시절의 임팩트와 회전을 더 중요시하며 가르치는 것 같다. 라켓각은 중요치 않다. 우리가 어떠한 각을 가지고 어떠한 스윙 궤적을 보이던 크게 관심이 없다. 더 많은 임팩트와 더 강력한 회전이 필요하다 말한다. 그게 선수들이 허리와 다리가 중요하다 말하는 이유가 아닐까 한다. 모든 선수들이 그런 건 아니지만 약간의 그러한 경향은 있다고 생각한다.

이제 우리에게 필요한 것은 선수들의 어린 시절 라켓각이다. 물론 어린 시절 그들이 열어 놓았던 각의 모양은 제각각일 수 있다. 그러므로 이 책에서 내가 추천하는 라켓각과 다를 수 있다. 하지만 분명 중요한 것은 그들이 많이 열고 쳤었다는 점이다. 그렇다. 당신에게도 열고 치는 시간이 필요하다. 당신이 탁구를 처음 배울 때부터 지금까지, 라켓각을 닫은 채로 강력한 임팩트와 회전을 구사하며 네트를 가까스로 넘기는 사람이라면 더욱 그렇다.

'엘리트 선수 출신 코치 레슨'에 대한 나의 생각

그들은 탁구를 잘 치는 사람이지 잘 가르치는 사람은 아닌 것 같다. 적어도 내가 만나본 다수의 선수 출신 코치들은 그랬다. 선수 출신 코치들은 선수 시절 말 그대로 잘 치는 것에만 매진하다 선수 생활이 끝나면 생활체육 안으로 들어온다. 그런데 갑자기 안 하던 것을 해야 한다. 생체인들을 가르쳐야 하는 것이다. 선수 시절 자신이 어느 정도로 잘 치는 사람인지는 알고 있었다. 하지만 어느 정도로 잘 가르치는 사람인지에 대한 생각이나 준비는 없었던 것 같다. 나는 이해한다. 현역 선수 시절 잘 가르치는 것에 대한 준비를 하면 그게 선수인가?? 현역 선수는 잘 쳐서 이기는 것에 대한 준비만 하면 된다. 당연히 가르치는 것에 대한 준비 없이 생활체육 안으로 들어오는 게 맞다.

중요한 것은 일단 생활체육 안으로 들어온 이후의 그들의 생각과 행동이다. 정말 우리를 잘 가르칠 수 있는 방법을 계속 고민하고 자신의 가르치는 능력을 계속 키워 가는 코치인지 아니면 타성에 젖어 "나는 잘 치니까 잘 가르친다." 또는 "나는 잘 가르치는데 너희가 내가 하라는 대로 하지 못하는 거다." 라는 생각을 하며 생체인들의 실력 상승을 막고 있는 코치인지 확인해 볼 필요가 있다.

우리도 기대치를 낮추어야 한다. 탁구 실력은 인정하되 가르치는 것은 그에 미치지 못할 수 있음을 알아야 한다. 그리고 그들이 우리를 드라마틱하게 성장시킬 것이라는 기대감은 갖지 말자.

선수 출신 코치들을 폄하하는 게 아니다. 단지 많은 생체인들이 가지고 있는 선수 출신 코치들에 대한 환상을 좀 깨주고 싶었을 뿐이다. 내가 높이 평가하는 선수 출신 코치들도 많이 있다. 내가 하고 싶은 말은.. 대학교수 같은 코치가 있고 학원강사 같은 코치가 있다는 것이다. 그리고 자신에게 맞는 코치가 있을 것이다. 그러니 잘 찾아보아야 한다. 아니다 싶으면 과감히 다른 코치를 찾아야 한다. 시간은 금이다.

내가 생각하는 좋은 코치란??

- 레슨 첫 1~4주 동안 뭔가 충격적이고 이제까지는 경험하지 못한 느낌을 주는 코치. 좋은 코치는 기존의 자기가 가지고 있던 패러다임 자체를 바꿔 준다. 서서히 바뀌는 게 아니다. 좋은 코치를 만나면 처음에 확 바뀐다.

- 짧으면 3개월, 길면 1년 안에 1부수 이상 늘게 해 주는 코치 하위부수일수록 그렇다. 예를 들어 1년 이상 배웠는데 부수 상승 없이 그대로다?? 그러면 코치를 바꿔야 한다. 많이 관대하게 봤을 때, 2년 이상 레슨은 계속 받고 있는데 부수 상승 없이 그대로다?? 그 사람은 보험 잡힌 거다. 10년 이상 받아도 그대로일 가능성이 높다.

- 아닌 것은 일관성 있게 계속 아니다 라고 말하는 코치
학원강사 같은 족집게식 요령으로 가르치지 않아도 좋다. 코치가 보기에 잘못된 방법으로 치고 있으면 "아니다. 그게 아니다." 라고 계~속 말해주는 코치가 좋은 코치이다. 아닌 것을 아니다 라고 계속 말해주는 건 매우 중요하다. 왜냐하면 배우는 사람이 스스로 이것저것 시도하다가 결국 옳은 방법을 찾아낼 수도 있기 때문이다. 잘못된 방법으로 치고 있는데 "좋아요~ 네 좋아요~" 라고 말하며 성의 없이 공만 던져주는 코치는 옳은 방법을 찾아낼 수도 있었던 레슨자의 노력이나 행운까지도 막아버리는 코치이다.

- 레슨의 내용이 계속해서 바뀌는 코치
예를 들면 "제가 예전에는 A처럼 하라고 했거든요?? 근데 요새는 B처럼 하라고 해요. 그렇게 하니 회원분들이 더 잘 하시더라고요." 라고 말하는 코치. 자신의 가르치는 능력에 대해 점점 알아가고 있거나 회원분들의 실력 상승을 위해 정말 고민을 많이 하는 코치일 확률이 높다.

- 탁구장 생체인들의 폼이 얼추 비슷한 탁구장의 코치
'탁구는 사람마다 다 다르고 각자의 스타일대로 하는 운동이다' 라고 반박한다면 어쩔 수 없지만 그런 걸 말하는 게 아니다. 탁구장 회원들의 폼이 얼추 비슷하다는 것은 평소 가르치는 것에 대한 생각을 많이 하고 탁구 기술에 대한 자신의 신념이 확실한 좋은 코치일 확률이 높다.

II. 각론

1. 그립

"그립이 모든 것을 좌우한다"

많은 그립 잡는 법이 있다. 안쪽으로 말린 그립, 바깥으로 깐 그립, 그 중간인 가운데 그립 등등. 각 그립들의 장점과 단점을 일일이 언급하며 나열하고 싶지는 않다. 내가 추천하는 그립은 오직 한 가지이다. 바로 '안쪽으로 말린 그립!!' 이게 제일 좋다. 이 안쪽 그립은 로봇실험에서의 3번각을 만드는 데 좋고 달리 말하면 중펜 각 느낌을 내는 데도 좋다.

우선, 포핸드를 기준으로 설명해 보겠다. 바깥으로 깐서 잡는 그립으로 잘 칠 수 있다면 말리지 않겠다. 하지만 이것은 앞에서의 로봇실험을 2번각으로 했을 때에 해당한다. 이왕이면 로봇실험의 3번각에 부합하는 라켓각을 만들어 주는 그립이면 좋지 않겠는가. 그렇다. 가장 이상적인 그립은 라켓 머리가 내려가 있으면서 라켓면이 약간 말리고 감긴 듯한 모습의 라켓각을 만들어 주는 소위, 안쪽 그립이다. 그래야 3번각이 나온다. 라켓면이 천장을 보느냐 안 보느냐는 내가 공을 정점 후에 치느냐 정점 전에 치느냐와 관계가 있다.

좋은 그립을 위한 팁

1. 라켓 머리가 올라가지 않게 하기
   손목이 바깥으로 까져 있지 않게 하기

2. 손목을 밑으로 내려 라켓 머리가 내려가도록 만들고 화사이드 기준, 손목을 안쪽으로 말기

   앞에서 보았듯 서로 화사이드로 주고받을 때 어디가 정면인 가?? 정점에서 내려왔을 때를 기준으로, 약간 천장을 보며 라 켓 머리는 내려가 있고 라켓 오른쪽이 막힌 상태가 정면이다.

3. 3,4,5번째 손가락으로 라켓 손잡이를 꽉 잡지 않기
   살짝 걸치게 하기

4. 최대한 뒤로 빼서 잡기

   단, 라켓이 흔들리면 안 된다. 라켓이 흔들리지 않는 한 최대한 빼서 잡는다. 손과 라켓 사이 공간이 없이 꽉 잡는 것은 라켓 유동성이 떨어지고 라켓 머리가 내려가는 데 방해가 된다.

5. 검지손가락은 내리기보다는 위로 올리기

   검지손가락이 내려갈수록 만들어 놓은 각이 얇아질 수 있다.

사진 9. 일반적인 쉐이크 라켓의 그립과 기본각
- 라켓 머리가 위로 올라가 있음 (X)
- 라켓면이 바깥쪽으로 까져 있음 (X)
- 3,4,5번째 손가락으로 손잡이를 꽉 잡고 있음 (X)

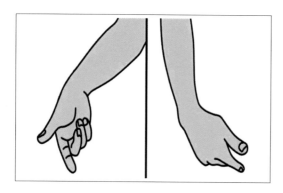

그림 33. 추천 그립
- 손목이 밑으로 꺾여 있고 손목과 손바닥이 안으로
  말리고 감겨 있는 모습

그림 34. 추천 그립
- 살짝 빼서 잡기 (라켓 머리 더 내려감)
- 3,4,5번째 손가락 걸쳐 잡기 (라켓 유동성 좋아짐)
- 검지 올리기 (라켓각 안 얇아짐)

이제까지는 손목과 손가락의 모양을 바꾸어 화3번각을 만들어 냈다. 하지만 이게 뭔가 이상하고 어색하다면 먼저 화3번각을 만들어 고정시켜 놓고 손목과 손가락의 모양을 조금씩 바꾸어 가면서 그립을 잡아 보는 것도 좋다. 단, 만들어 놓은 화3번각이 손가락이나 손목 때문에 바뀌면 안 된다.

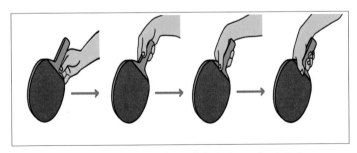

그림 35. 추천 그립 - 라켓 모양 유지하며 손 모양 바꾸기

화3번각 그립이 잘 만들어진다면 이제는 그 화3번각 그대로 자신의 몸통 앞, 즉 자신의 **백사이드**로 가져와 보자. 어떤가?? 저절로 로봇실험에서의 **빽3번각**이 만들어짐을 알 수 있을 것이다.

그림 36. 화3번각과 **빽3번각**의 관계

잠시 복습해 보자. 앞에서 포핸드든 백핸드든 3번각을 사용하면 스윙 궤적이 내가 보내는 공의 궤적과 같게 되므로 앞으로만 보내면 된다 했다. 그리고 각이 1번각처럼 얇으면 공을 천천히 보내기가 힘들고 내가 보내는 공의 궤적보다 더 높은 스윙 궤적이 만들어진다 했다.

하지만 실제로 공의 궤적을 그대로 따라가는 스윙 궤적이라는 것은 존재하지 않는다. 공의 궤적을 그대로 따라가는 스윙 궤적을 한번 그림으로 그려 보았다.

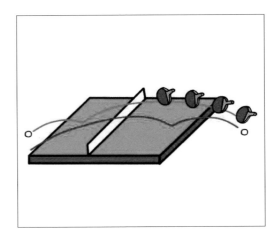

그림 37. 공의 궤적을 그대로 따르는 스윙 궤적 (화)
(스윙 궤적과 라켓면이 이루는 각도 : 90도)

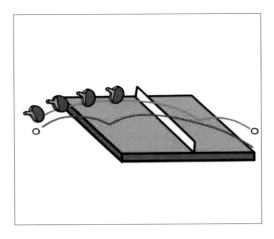

그림 38. 공의 궤적을 그대로 따르는 스윙 궤적 (빽)
(스윙 궤적과 라켓면이 이루는 각도 : 90도)

하지만 이게 가능한가?? 위 그림처럼 공의 뒤를 그대로 계속해서 따라가는 스윙 궤적이 과연 가능한가?? 가능하다면 당신은 만화 원피스의 주인공, 팔이 원하는 만큼 늘어나는 루피이다. 하지만 우리는 루피가 아니고 팔이 계속 늘어나지 않기 때문에 내가 보내는 공의 궤적을 초반에 조금 따라가려다가 만다.

우리는 최대한 따라가려고만 하면 된다. 그래서 3번각을 이용해서 잘 따라간다면 이런 궤적을 보인다. (약간의 마인드핑퐁적인 개념이 필요하다.)

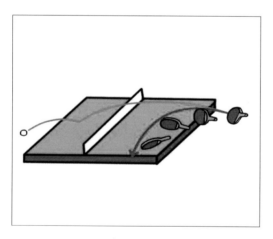

그림 39. 화3번각으로 공궤적을 잘 따라갈 때의 실제 스윙 궤적
- 잘 따라가다가 팔 길이의 한계와 관성의 법칙으로
왼쪽 아래를 향함 (3벡터 이론에 부합)

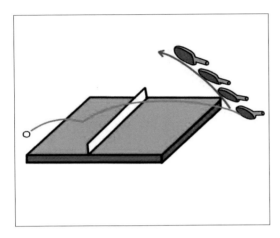

그림 40. 화1번각 이용 시의 스윙 궤적
  - 공궤적을 따라가지 못하며 위로 가는 스윙 궤적을 보임
  (3벡터 이론에 부합하지 않음)

그림 41. 3번각 화드라이브 끝스윙 시 라켓 모습

그림 42. 1번각 화드라이브 끝스윙 시 라켓 모습

기본각을 3번각으로 했을 때의 장점

내가 화드라이브를 한 후 상대가 나에게 주는 공이 나의 백사이드로 올 때를 생각해 보자. 화드라이브를 3번각으로 했을 때가 편하겠는가 아니면 1번각으로 했을 때가 편하겠는가. 그것은 화드라이브의 스윙 궤적과 끝스윙의 높이를 보면 된다. (그림 41, 42 참조)

1번각으로 화드라이브를 했을 경우, 3번각으로 화드라이브를 했을 경우보다 끝스윙의 높이가 더 높고 끝스윙 위치가 보다 화사이드에 있다. 그러므로 백을 치기 위해서는 상대적으로 더 먼 곳으로부터 와야 한다. 시간이 더 걸린다. 재빨리 시간에 맞춰 왔다 하더라도 각이 얇기에 백을 칠 때 또 임팩트나 회전을 넣어 끌어 올려주는 스윙을 해 줘야 한다. 그리고 화1번각 끝스윙 시의 얇은 각이 백1번각의 얇은 각으로 바뀌는 데에도 시간이 걸린다. 어려운 탁구가 아닐 수 없다. 하지만 3번각을 사용했을 경우 어떠한가. 이미 화드라이브의 끝스윙이 보다 백사이드로 와있고 높이도 낮다. 1번각 이용 시보다 시간이 덜 걸린다. 그리고 3번각 화드라이브의 끝스윙 모양이 이미 백3번각의 모양을 얼추 하고 있다. 1번각으로 했을 때보다 쉬운 탁구임에 분명하다.

참고로 끝스윙은 절대 내가 억지로 만들 수 있는 것이 아니다. 만들어지는 것이다. 무엇에 의해?? 바로 자신의 기본각에 의해!! 더 자세히 말하면, 스윙 시작 후 공이 맞는 순간의 기본각에 의해서 내 끝스윙이 만들어진다. 그러므로 누군가의 멋져 보이는 끝스윙을 따라 할 필요가 없다. 따라 한다고 되지 않을 것이다. 그것은 스윙 시작 시의 라켓 기본각을 바꾸어야 해결되는 문제이기 때문이다.

그림 43. 3번각 화드라이브 스윙 궤적 (앞모습)

그림 44. 3번각 화드라이브 스윙 궤적 (뒷모습)

그림 45. 1번각 화드라이브 스윙 궤적 (앞모습)

그림 46. 1번각 화드라이브 스윙 궤적 (뒷모습)

나의 이론을 간단히 한 문장으로 말하자면 "중펜처럼 치자!!" 이다.
보다 정확히 말하자면, "중펜 특유의 기본각으로 치자!!" (정확한
중펜 그립을 잡았다는 전제하에) 이다. 그러려면 쉐이크를 잡고 중
펜의 기본각으로 치면 된다. 하지만 그것은 실제로는 매우 어렵다.
일반적인 보통의 쉐이크 그립으로는 아예 불가능이고 내가 앞에서
설명한 '3번각이 잘 나오게 하는 요령의 쉐이크 그립'을 잡았다 하
더라도 그 중펜 특유의 기본각 느낌을 온전히 다 내지는 못할 것
이다. 왜일까?? 이유에 대해 알아보자.

이제부터 그립에 대해 조금 놀랄만한 설명을 해 보겠다. 혹시 주위
에 중펜 라켓이 있다면 그 중펜 라켓을 쉐이크 그립으로 한번 잡
아 보길 바란다. 사람마다 손의 크기가 다르기에 조금씩은 다르겠
지만, 확실한 건 라켓 머리가 더 내려갈 것이고 3번각 느낌이 더
잘 날 것이다.

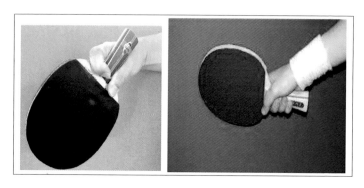

사진 10. 보통의 중펜 라켓 그립 vs 쉐이크 라켓 그립

여기서 질문!! 중펜을 쉐이크 그립으로 잡았을 때 라켓 머리가 더 내려가는 이유는?? 힌트는 라켓 나무 손잡이의 길이에 있다. 쉐이크 라켓 손잡이는 그 길이가 길기 때문에 우리의 새끼손가락 쪽 손바닥 밑에 위치할 수 밖에 없고 이는 라켓 머리가 내려가는 것을 방해한다. (사진 10 참조) 하지만 중펜은 손잡이 길이가 짧기에 약간이라도 더 라켓 손잡이 부분이 손바닥 품 안으로 들어오게 되고 그러므로 머리가 더 내려갈 수 있다. (그림 47 참조)

그렇다. 만약 로봇실험에서의 3번각이 정말로 좋다고 느낀 사람이라면 중펜을 쉐이크 그립으로 잡고 치길 바란다. 그러면 중펜 특유의 기본각에 더 가깝게 탁구를 칠 수 있게 된다. 하지만 백사이드에서는 조금 불안한 플레이를 보일지 모른다. 라켓이 확실하게 고정된 느낌이 덜하고 많이 흔들리는 느낌이 들 수 있으며 이런 느낌은 손이 큰 사람일수록 그럴 것이다. 왜냐하면 중펜 라켓을 쉐이크 그립을 이용하여 잡으면 중펜 라켓 손잡이가 손바닥의 품 안으

로 들어가는 모양이 되며 이럴 경우 쉐이크 특유의 그.. 손잡이가 새끼손가락 쪽 손바닥 밑에 위치함으로서 생기는 안정된 느낌이 사라지기 때문이다. 나의 경우 중펜을 쉐이크처럼 잡으니 이런 모습이 되었다. 참고로 나는 손이 매우 작은 편이다.

그림 47. 중펜 라켓을 쉐이크 그립으로 잡은 모습
(손잡이의 끝이 손바닥 품 안에 위치)

그렇다면 문맥의 흐름상 자동적으로 드는 생각이 있을 것이다. '쉐이크 라켓 나무 손잡이의 일부를 좀 손보면 되는 것 아닌가??' 라고 말이다. 그래서 쉐이크 라켓을 최대한 중펜각 느낌으로 칠 수 있게 해 주는 라켓 깎는 요령에 대해 말해 보려 한다.

아래 그림의 빗금 친 부분은 평소 쉐이크 라켓의 머리가 내려가지 못하도록 막고 있는 부분들이다. 이 부분들을 많이 깎을수록 라켓 머리가 내려갈 것이고 앞에서 언급한 3번각 추천 그립 요령들과 만났을 때 큰 시너지 효과가 나게 될 것이다. 개인적으로는 일단 쉐이크 라켓 사용자라면 이렇게 라켓 손잡이의 일부를 깎고 최대한 라켓 머리가 내려간 3번각 느낌의 탁구를 쳐 볼 것을 추천한다.

그림 48. 쉐이크 라켓 - 깎을수록 라켓 머리가 내려가는 부위
(주의 : 너무 많이 깎을 시 그립이 흔들리며 라켓각이 얇아질 수 있음)

그럼에도 불구하고 쉐이크 라켓의 구조상 그 중펜 특유의 기본각 느낌을 똑같이 내는 것은 매우 어려운 일이다. 내 경험상 쉐이크 라켓을 들고서 아무리 요리조리 손잡이 나무를 깎고 그립을 바꾸어 보아도 그 중펜 특유의 기본각 느낌을 100% 낼 순 없었다. 이 책을 쓰고 있는 현재 나도 그 느낌에 최대한 가깝게 가려고 노력하고 있을 뿐 똑같지는 않다. 중펜 그 특유의 기본각 느낌을 100이라 했을 때 지금 나의 쉐이크는 80 정도라고 해야 할까. 물론 80 정도라도 치게 되었으니 실력이 늘은 것이라고 생각은 하고 있다. 어쨌든 쉐이크 라켓을 들고서 그 중펜 특유의 기본각 느낌을 그대로 낸다는 것은 매우 어려운 일이다. 이 부분에 대해서는 이 책을 쓰고 난 이후에도 계속 고민해 봐야 할 것 같다.

그리고 마지막으로 '테나리 라켓'이라고 들어본 적이 있을 것이다. 탁구는 공으로 하는 운동이고 모든 공을 이용한 운동은 물리학적 법칙을 따른다. 내가 지금까지 확인해 본 결과 '내 기준의 탁구 물리학적 법칙'에 가장 잘 맞는 라켓각은 3번각이며 이 3번각 느낌을 가장 잘 구현시켜 주는 쉐이크 라켓은 테나리 라켓이었다.

그림 49. 테나리 라켓 (펜홀더 그립 느낌의 쉐이크 라켓,
        일반 쉐이크 라켓보다 라켓 머리가 많이 내려가는 느낌 제공)

탁구에 대한 나의 생각을 한마디로 정의하자면 '중펜각 쉐이크 이론'이며 이 이론에 제일 부합하는 라켓은 실험 결과 '중펜 라켓 또는 적당히 잘 깎은 쉐이크 라켓 또는 테나리 라켓'이었다. 하지만 테나리 라켓은 큰 단점이 있다. 일단 라켓의 종류가 매우 제한적이다. 기존에 쓰던 자신의 쉐이크 라켓 나무 성질을 그대로 반영하는 테나리 라켓을 찾기 힘들 것이다. 내가 테나리 라켓이 최고라고 생각하는 이유는 순전히 기본 라켓각 때문이다. 다른 부분들에서는 좋지 않을 수 있다. 특히 어려운 이야기일 수 있으나 간단히만 설명하자면, 나의 경우.. 갑작스러운 수비 또는 작은 스윙이 필요한 상황에서는 좋았으나 강한 임팩트가 들어가는 큰 스윙이 필요한 상황에서는 그리 좋지 않았다. 이는 테나리 라켓 손잡이의 휘어진 모양으로 인해 내 새끼손가락쪽 손바닥에 정확히 고정되는 느낌이 덜하기 때문인 것으로 추정되며, 이는 테나리 라켓이 그 특유의 기본각이 매우 훌륭함에도 많은 사람들에게 대중적으로 사용되지 못하는 이유가 될 수 있다고 생각한다.

확실한 것은 우리가 아는 일반 쉐이크 라켓은 '내 기준의 탁구 물리학적 법칙'에 가장 위배되는 라켓이라는 것이며 3번각 느낌이 100% 나도록 쉐이크 라켓 그립을 잡는 것은 쉽지 않다는 것이다.

2. 민볼화드라이브

사실 앞선 내용에서 이미 화드라이브의 많은 내용을 다뤘다. 그립과 화드라이브 그리고 빽드라이브는 사실 구분되어야 하는 것이 아니기 때문이다. 어쨌든, 새로운 내용은 추가되겠지만 그래도 어느 정도 앞의 내용을 반복하며 다시 정리해 보겠다.

Check point

- 약간 말리고 감기고 라켓 오른쪽이 막혀 있으며 라켓 머리가 내려간 화3번각 그립 잡기

  공을 치는 타이밍은 정점 후를 기준으로 하므로 라켓은 약간 천장을 보는 것이 좋다.

- 공의 4~5시 방향 치기

  그래야 기본 화3번각(정면각)이 형성된다.

- 화3번각은 화1번각보다 허리를 더 오른쪽으로 돌려 스윙을 자신의 뒤 그리고 밑에서 시작하고 싶게 만든다.

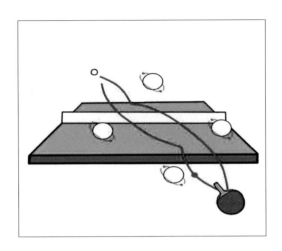

그림 50. 보통 화로 오는 공의 궤적 및 공의 회전 (상우회전성)
정면각으로 받아쳤을 경우의 공의 궤적 및 공의 회전

공의 4~5시

그림 51. 공의 4~5시

기본 화3번각은 라켓 머리가 내려가 있고 라켓 오른쪽이 막혀 있
으며 약간 천장을 보고 있다. 왜 정면각은 3번각인가?? 로봇이나
상대방이 나에게 주는 공이 상회전과 우회전성의 공이며 그리고
내 테이블에 맞은 후 정점으로 올라가고 있는 공이 아닌 정점에서

내려오는 공을 친다 라는 가정하에 3번각이 정면각이라는 것이다. 만약 정점에서 내려오는 게 아니라 정점으로 올라가고 있는 공이라면 무엇이 정면각인가?? 3번각을 더 많이 숙인각이 정면각이다.

어쨌든 다시 정점에서 내려오는 볼을 기준으로, 자신이 3번각으로 친 볼은 상회전과 우회전을 먹어 약간 감겨 보내진다. 상우회전성으로 오는 공을 그대로 정면으로 친 것이니 당연하다. 그리고 우회전을 먹어 간다는 것은 감겼다는 뜻인데 여기서 중요한 것이 있다. 그 우회전성의 감는 행위의 주최가 내가 되어서는 안 된다는 것이다. 내가 하는 것이 아니다. 나는 그냥 얹어 보내는 느낌으로 앞으로 보내 주기만 하면 된다. 상우회전성으로 감겨지게 하는 것은 내가 만들어 놓은 3번각, 즉 정면각이 하는 것이다. 즉 다시 말하면,

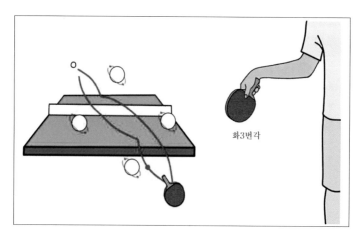

화3번각

그림 52. 정점에서 내려오는 상우회전성 공을 정면각(화3번각)으로
       받아치는 모습

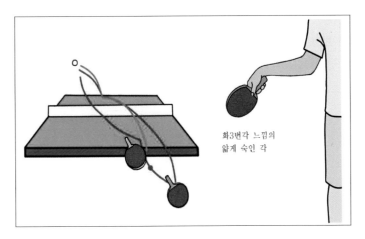

그림 53. 정점으로 올라가는 상우회전성 공을 정면각(화3번각을
유지하며 얇게 숙인 각)으로 받아치는 모습

그림 54. 화3번각의 잘못된 숙임

"나는 공을 감아치진 않았지만 공은 감겨서 간다!!"라고 말할 수 있다. 소위 말하는 '감는 드라이브'의 기본 원리이다.

화드라이브를 할 때 사람들은 감겨지지 않은 드라이브가 정석적인 드라이브이고 감겨진 드라이브는 일종의 변형된 드라이브라는 식으로 말을 하지만 나는 그렇게 생각하지 않는다. 나는 소위 감는 드라이브가 정석적인 화드라이브이며 많이 감는 드라이브 또는 적게 감거나 안 감는 드라이브가 있다고 생각한다. 물론 완전히 까서 하는 슈트드라이브도 있지만, '어디가 정면이냐'의 문제로 돌아가서 보면, 라켓 오른쪽을 막고 공이 살짝 감겨 가게 하는 것이 정면으로 친 것이다. 내 화 쪽에서 상대방 화 쪽으로 치는데 라켓면이 상대방 화 쪽을 바라보지 않는 것은 정면으로 친 것이 아니다.

화3번각을 이용하면 스윙 시작을 상대적으로 자기 몸의 밑 그리고 뒤에서 하고 싶어진다. 끝스윙 지점은 보다 자기 몸의 왼쪽, 낮은 높이 그리고 몸으로부터 먼 곳에서 끝나는 경향을 보인다. 하지만 화1번각을 이용하면 스윙 시작을 상대적으로 자기 몸의 위 그리고 앞에서 하고 싶어지고 끝스윙 지점은 보다 자기 몸의 오른쪽, 높은 높이 그리고 몸으로부터 가까운 곳에서 끝나는 경향을 보인다. (그림 55 참조)

화1번각 사용 시 스윙 시작이 내 옆구리에서 멀지 않다. 그리고 공을 뒤에서 치기가 어렵다. 공을 빨리 쳐 줘야 한다. 빨리 공의 윗방향을 긁어 줘야 공이 네트를 넘어갈 수 있다. 그러므로 허리가 덜 돌아가고 오른쪽 공간 중 일부만 내 공간이 된다.

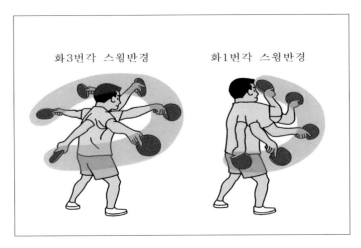

그림 55. 화3번각 vs 화1번각 드라이브 스윙 반경

화3번각 사용 시 공을 뒤에서 치고 싶어진다. 공을 빨리 칠 필요
가 없다. 스윙 시작을 내 몸 뒤, 종아리 근처의 높이에서 하고 싶
어진다. 허리가 많이 돌아가게 되고 오른쪽 공간이 거의 다 내 것
이 되는 기분이 든다. 그러므로 시간적 여유가 더 생긴다.

화3번각을 하고 내 몸 뒤 그리고 내 종아리 근처에서 시작하여 크
게 돌아 공의 4~5시 정도를 칠 때의 그 순간을 좀 더 자세히 보
자. 조금 빨리 쳐서.. 정점에서 어느 정도 내려온 공이 아닌 정점
근처에 있는 공을 친 경우라면 내가 원하는 공보다 더 감겨서 가
고 더 상대방의 화사이드로 빠질 것이다. 반대로 조금 늦게 쳐서..
정점에서 어느 정도 내려온 공이 아닌 더 많이 내려온 공을 친 경
우라면 내가 원하는 공보다 덜 감겨서 가고 상대방의 **빽사이드**로
빠지는 공이 만들어질 것이다.

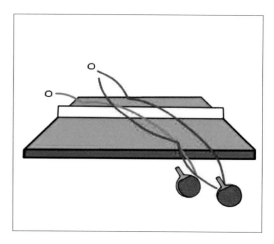

그림 56. 빨리 쳐서 공이 더 감기는 순간의 모습
(라켓 오른쪽 더 막힘, 더 감김)

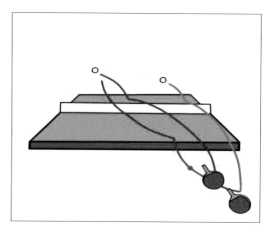

그림 57. 늦게 쳐서 공이 덜 감기는 순간의 모습
(라켓 오른쪽 덜 막힘, 덜 감김)

자 이제 공을 천천히 높게 보낼 수가 있는가를 확인해 보자. 처음엔 테이블 밖으로 나가도 좋다. 라켓각이 얇으면 공을 천천히 높게 보낼 수가 없다. 다시 말하면 얹어 보낼 수가 없다. 빨리 임팩트나 회전을 넣어서 공을 빠르고 낮게 보내 줘야 한다. 특히 내 화 쪽에서 상대방 백 쪽으로 공을 천천히 높게 보낼 수가 있는가를 확인해 보면 좋다. 자신의 화 쪽에서 상대방 화 쪽으로 치는 것보다는 자신의 화 쪽에서 상대방 백 쪽으로 치는 것이 더 어렵다. 라켓각이 잘 되어 있지 않거나 공 맞는 타이밍이 좋지 않으면 잘 되지 않는다. 정확한 타이밍과 정확한 각으로 보낸다면 절대 상대방 백 쪽 테이블 밖으로 빠지지 않으면서 천천히 높게 그리고 살짝 감겨서 계속 똑같은 자리에 보내질 것이다.

탁구는 빠르게 치면 좋지만 천천히 얹어 보낼 수도 있어야 한다. 천천히 얹어 보낼 때는 각을 열고 빠르게 보낼 때는 각을 닫고 이렇게 생각하는 사람들도 많다. 하지만 지금의 나는 '공을 빠르고 낮게 가게 치더라도 천천히 높게 보낼 수 있는 각으로 쳐야 한다.'라고 생각한다. 실제 그 라켓각을 똑같이 하라는 게 아니다. 이 역시 마인드핑퐁이다. 라켓각에 대해서 많은 것들을.. 우리의 뇌인지적 또는 해부학적 근골격계 운동 시스템이 조절해 줄 것이다. 다시 말해 '느리고 높게 칠 수 있는 라켓각'과 '빠르고 낮게 칠 수 있는 라켓각'은 정확히는 다른 각이지만 마인드핑퐁적인 개념으로는 비슷한 각이다. 우리는 그냥 공을 천천히 높게 보낼 수 있는 라켓각을 이용해서 빠르고 낮게 가게 공을 치면 된다.

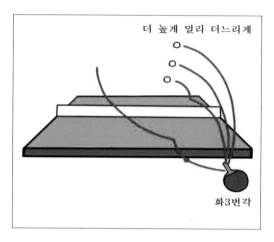

그림 58. 화3번각, 상대방 빽 쪽으로 높게 천천히 감아 보내는 궤적

정리해 보자

제일 바람직한 스윙은 자기가 보내는 공의 궤적을 그대로 따라가는 스윙이다. 1번각을 이용한 화드라이브처럼 공은 앞으로 가게 해 놓고 스윙을 위로 하면 안 된다. 화3번각이 자연스레 나오는 그립을 잡고 자기 몸의 뒤와 밑에서부터 나오는 스윙으로 시작해서 공이 정점에서 약간 내려올 때 공을 화3번각 위에 얹는다. 이때 마치 공이 샐 곳이 없게 하는 느낌으로 나에게 오는 공의 뒤를 막으며 마중 나간다 생각하면 더 좋다.

나에게 오는 공이 느릴수록 그리고 내가 보내는 공이 느릴수록 실험 효과는 커진다. 공을 빠르게만 보낼 수밖에 없는 사람은 사실 매우 부정확한 기본각을 가지고 있을 확률이 높다. 하지만 기본각이 정확할수록 공을 느리게 보낼 수 있다.

공을 얹어 보낸 이후의 손목이나 팔꿈치 변화는 거의 없다. 얹어서 앞으로 보내기만 하는데 왜 손목이 많이 변하고 왜 팔꿈치가 많이 접어져야 하는가. 물론 부정확한 기본각을 사용하면 손목이나 팔꿈치가 많이 변해야 할 것 같긴 하다. 그런데 그렇게 하면 스윙 궤적이 공의 궤적을 최대한 따라가는 게 아니고 도중에 빨리 다른 곳으로 가는 것이다. 즉, 3벡터 이론에 부합하지 않게 된다.

실제 영상을 찍어 보면 궤적을 따라가다가 마지막쯤에 약간 팔꿈치가 접어질 순 있다. 하지만 이건 내 마음속에는 없는 행위이다. 이것은 내 팔길이의 한계와 어떠한 인체해부학적인 물리 법칙 때문에 생기는 것이다. 마음속에서는 그냥 손목이나 팔꿈치의 변화 없이 공의 궤적을 그대로 따라가는 스윙을 하려 하면 된다.

이러한 것들은 오직 3번각일 때에만 가능하다. 참고로 다시 한번 말하지만 나는 공이 정점에서 내려올 때를 기준으로 하는 일반적인 상황에 대해 말을 하고 있다. 테이블에 맞자마자 튀어 오르는 공을 맞카운터드라이브 하는 상황이거나 아니면 몸의 균형이 맞지 않은 채로 치는 어떤 특수한 상황일 경우엔 그렇지 않을 수 있다. 특수한 상황의 경우 손목의 움직임이나 팔꿈치 접어짐이 보다 많아질 수 있다.

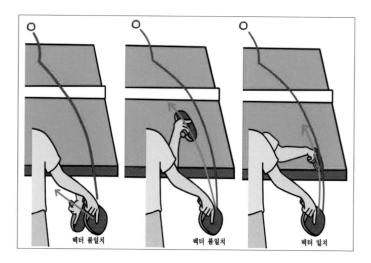

그림 59. 왼쪽부터 순서대로 손목 안쪽으로 접히는 스윙(벡터 불일치), 팔꿈치를 접는 스윙(벡터불일치), 손목이나 팔꿈치 변화가 없는 스윙(벡터일치)

이제 다시 한번, 스윙 궤적과 끝스윙을 확인해 보자.

그림 60. 화3번각 vs 화1번각 드라이브 스윙 궤적

	화3번각	화1번각
공 맞는 위치	보다 뒤, 밑	보다 앞, 위
공 맞는 타이밍	더 늦다. 여유 있다.	더 빠르다. 여유 없다.
끝스윙	보다 왼쪽, 아래	보다 오른쪽, 위
끝스윙 시 뒷공간 (몸통~팔꿈치)	많음 (길다)	적음 (짧다)
공이 백사이드로 올 때	유리	불리

표 1. 화3번각 vs 화1번각 드라이브 (뒷공간 관련 그림 65, 66 참조)

앞서 말했듯, 끝스윙은 자기가 만드는 게 아니다. 그리고 잡아서 감는 느낌이 있을 때에만 이런 끝스윙이 나온다. 내가 감는 게 아니다. 내가 시작할 때 만들어 놓은 기본각이 감겨 있기에 감기는 것이다. 첫 스윙 시 라켓을 많이 감아 놓고 머리를 내렸기에 끝스윙 시에도 많이 감겨 있고 머리가 내려간다. 시작 시의 기본 그립과 기본각이 스윙 궤적과 끝스윙각을 이미 정해버린다.

마지막으로 다시 한번 언급하자면, 엎어 보내는 것이 중요하다. 우리는 이미 임팩트와 회전 넣는 법을 잘 알고 있다. 우리가 모르는 것은 라켓각이다. 화3번각을 이용해서 공을 탁구 라바에 최대한 오래 머물게 하여 최대한 엎어 보내는 느낌으로 하는 것이 중요하다. 엎어서 그대로 보내는 것이기에 손목이나 팔꿈치의 변화는 거의 없다. 더 정확히 말하면 '마음속에서는 없다.' 이고 다른 말로 하면 '실제 영상을 찍어 보면 약간 그럴 수 있다.' 이다. 이렇게 하면 질 좋은 화드라이브가 만들어질 것이다. 파워, 임팩트, 회전, 손목이나 팔꿈치 변함.. 이런 것들은 일단 기본각을 정확히 이해한 후에.. 어떤 주어진 상황에 맞추는 추가적인 개념이 되어야 한다.

이번에도 역시 마인드핑퐁에 대해 언급하고 민볼화드라이브 마무리를 하겠다.

일단, 자신은 두껍게 열고 말리고 감기고 머리가 내려간 3번각 위에 공을 얹어 보낸다 생각하지만 실제로 영상을 찍어 보면 그렇게 보이지 않을 수 있다. 자기 마음속보다 얇은 각을 하고 있을 수 있다는 것이다. 그리고 앞서, 카운터드라이브를 예로 들면서 테이블에 맞고 정점으로 올라가는 볼을 칠 때의 정면각은 기본 화3번각을 숙였을 때 형성된다 하였다. 이와 같이, 실제로 공을 맞추는 정면각은 어떠한 공이 오느냐와 그 공을 내가 어떻게 치느냐에 따라 매번 달라지지만 이 달라짐의 정도를 어떻게 매번 계산할 수 있을까 싶다. 그래서 나는 어떠한 공을 치든 전부 3번각으로 치라는 말을 하고 싶다.

앞서 카운터화드라이브 정면각 설명할 때에는 3번각을 더 숙이라고 해놓고 헷갈리게 왜 모든 공을 그냥 3번각으로 치라고 하느냐라고 물어본다면 당신은 아직 마인드핑퐁적인 개념이 부족한 것이다. 3번각은 마음속 기본각이다. 그동안 우리에겐 오는 공의 구질 그대로 되돌려 보내는 '기본각'이라는 개념이 없었다. 그 확실한

각에 대한 개념이 없으니 매번.. 확실하지 않은 자신의 기본각을
토대로 하여 상황별로 다른 구질의 공들을 더 확실하지 않은 각으
로 어렵게 공을 넘긴 것이다. 마음속 기본각이 좋다면 나머지는 내
가 바꾸든 우리의 탁구 DNA가 바꾸든 바뀔 것이다. 중요한 건 마
음속 일관성이라 생각한다. 그리고 어떠한 상황이든 같은 느낌의
기본각을 유지하려 하는 것이 중요하다. 그 '같은 느낌의 기본각'
이라는 게 좋은 것이라면 상황에 맞게 약간씩 변형되는 것들도 좋
을 확률이 높다.

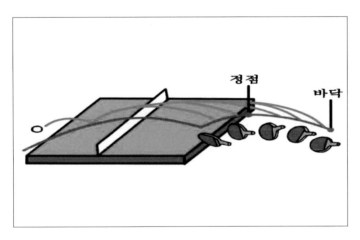

그림 61. 공 치는 타이밍에 따른 화3번각 드라이브 정면각의 변화

상대방의 화드라이브가 내 진영의 테이블에 맞고 튀어 오르기 시
작한 후부터 바닥에 떨어지기까지의 타이밍 중, 내가 어느 타이밍
에 공을 치느냐에 따른 정면각의 변화를 그림으로 나타내었다. 라
켓 머리를 내리고 오른쪽을 막은 상태에서 공의 4~5시를 치는 것
은 똑같으나 라켓의 기울기가 달라진다. 이 기울기를 매 순간 계산

하며 칠 것인가?? 그럴 순 없을 것 같다. 어느 타이밍에 치든지 모든 공을 기본 화3번각으로 친다고 생각하자. 계산을 하지 않았다고 해서 과연 정점 전에 있는 공을 바닥에서 칠 때와 같은 엄청나게 천장 많이 보는 각으로 칠 수 있을까?? 계산을 하지 않았다고 해서 과연 바닥으로 떨어지고 있는 공을 테이블에 밎자마자 카운터화드라이브를 치는 그런 얇은 각으로 칠 수 있을까?? 그렇지 않을 것이다. 우리의 뇌인지적 또는 인체해부학적 근골격 시스템과 그동안의 우리가 경험으로 쌓아 왔던 탁구 DNA가 좋은 라켓각을 만들어 줄 것이다. 우리가 할 일은 기본 화3번각을 유지하는 것이다.

마지막으로 짚고 넘어가야 할 부분이 있다.
이게 화드라이브의 최종 버전일까?? 아니다.

최종버전은..

이제까지 우리가 한 것은 소위 약간 감아치는 개념이다. 더 정확히 말하자면 나는 안 감기게 치지만 그립과 라켓각이 약간 감겨져 있기에 공이 감아져 간다 했다. 하지만 화드라이브로 치는 공은 항상 감아져 가야 하는 것인가?? 그렇지 않다. (물론 화사이드에서 화사이드로 주고받는 상황에서는 약간 감겨 가는 것이 정면이다.) 내가 주장하는 것은 갖가지 종류의 화드라이브를 할 때 '나는 감지 않았지만 공은 감아져서 가는' 이런 느낌을 알고 하면 더 좋다는 것이다.

이걸 할 수 있는 상태가 되면 다른 길이 열린다. 여기서 더 감고 싶으면 3번각 느낌을 더 갖고 스윙을 하면 되고 덜 감고 싶으면 3번각 느낌을 조금 덜 갖고 스윙을 하면 된다. 아예 감지 않고 쳐도 되고 밖으로 까서 쳐도 된다.

마음속에 3번각을 품고 나는 감지 않았지만 공이 약간 감겨 가는 것을 확인해 보자. 그게 익숙해졌을 때 공을 더 감고 싶으면 라켓 오른쪽을 더 막으면 되고 공을 덜 감고 싶으면 라켓 오른쪽을 덜 막고 치면 된다. 여기서 어쨌든 라켓 머리는 어느 정도 내려가 있으면서 정점 후라면 약간 천장 보는 느낌이 날수록 좋다. 얼마나 더 그렇게 해야 하는지는 정의하지 않겠다. 그것은 상황마다 다르기 때문이다.

앞에서의 '환상적인 중펜각' 편에서 언급했듯 우리는 선수들의 최종버전을 바로 따라 하려 하면 안 된다. 질 좋은 중펜 커트볼백드라이브를 구사하기 위해서 "내가 비웃었던 형님의 이상한 느낌의 동작'을 마인드핑퐁으로 가져가야 한다는 걸 앞에서 알아보았다. 그것과 같다. 나는 질 좋은 정상적인 민볼화드라이브를 구사하기 위해 필요한 이상한 행위가 바로 '화3번각과 그 화3번각을 잘 만들어 주는 그립'이라 생각한다.

3. 민볼빽드라이브

기본 원리는 민볼화드라이브와 같다. 화드라이브와 빽드라이브가 서로 다른 것이리고 생각하면 인 된다.

Check point

- 화드라이브시의 3번각 그대로 빽사이드로 가져오기

  그러면 빽사이드에서의 3번각이 만들어진다.

- 라켓 머리를 내리고 라켓 왼쪽이 막힌 약간 천장 보는 라켓각으로 공의 7~8시 방향 치기

  그래야 정면각이 형성된다. 비교적 천천히 오고 가는 공일수록 실험의 효과가 커진다.

  이 역시, 상대방의 공이 좌상회전성 공이고 정점에서 어느 정도 내려오는 공을 친다 가정했을 때 그렇다는 것이다.

- 빽3번각은 빽1번각보다 끝스윙이 자신의 몸통으로부터 멀리 그리고 낮은 높이에 위치하게끔 만든다.

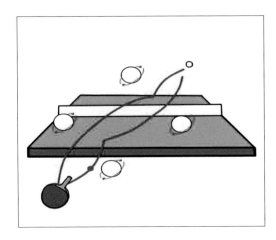

그림 62. 내 빽사이드로 오는 공의 궤적 및 공의 회전 (상좌회전성)
정면각으로 받아쳤을 경우의 공의 궤적 및 공의 회전

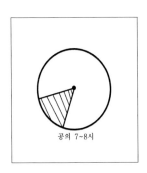

그림 63. 공의 7~8시

마찬가지이다. 빽3번각을 이용하면 끝스윙 지점이 보다 자기 몸의 오른쪽, 낮은 높이 그리고 몸으로부터 먼 곳에서 끝나는 경향을 보인다. 하지만 빽1번각을 이용하면 끝스윙 지점이 보다 자기 몸의 왼쪽, 높은 높이 그리고 몸으로부터 가까운 곳에서 끝나는 경향을 보인다. (98p. 표2 참조)

그림 64. 3번각 vs 1번각 백드라이브 스윙 궤적

	빽3번각	빽1번각
공 맞는 위치	보다 밑	보다 위
공 맞는 타이밍	더 늦다. 여유 있다.	더 빠르다. 여유 없다.
끝스윙	보다 오른쪽, 아래	보다 왼쪽, 위
끝스윙 시 뒷공간 (몸통~팔꿈치)	많음 (길다)	적음 (짧다)
공이 화사이드로 올 때	유리	불리

표 2. 빽3번각 vs 빽1번각 드라이브 (뒷공간 관련 그림 66, 67 참조)

그리고 뒷공간(라켓과 몸통 사이 공간) 활용도도 3번각일 때가 1번 각일 때보다 더 좋다. 화드라이브에서의 화3번각은 화1번각보다 스윙을 자신의 뒤 그리고 밑에서 하고 싶게 만든다. 하지만 우리는 지금 백을 친다. 화를 칠 때 허리를 돌려 만들어 낸 뒷공간만큼의 공간이 없다. 그래서 중요한 것이 팔꿈치이다. 팔꿈치의 위치가 자기 몸과 멀수록 우리는 팔꿈치를 축으로 상완을 접어 최대한의 뒷공간을 만들어 낼 수 있다.

여기서 다시 한번, 화3번각으로 스윙했을 때와 화1번각으로 스윙했을 시의 장단점을 확인할 수 있다. 자신이 화드라이브로 보낸 공을 상대방이 나의 백사이드로 보낼 때, 화3번각으로 했을 때가 백을 치기 쉬운 라켓각과 스윙 높이를 가진 끝스윙이 만들어진다는 앞의 설명을 기억하는가.

이 외에도 좋은 점이 있다. 바로 팔꿈치의 위치다. 앞의 민볼화드라이브 3번각 설명에서, 그냥 얹어서 앞으로 보내는 개념이기 때문에 팔꿈치를 접을 필요 없이 쭉 펴서 앞으로만 스윙해 주면 된다는 말을 했다. 화드라이브를 끝냈더니 이미 팔꿈치가 내 몸의 앞쪽으로 먼 위치에 있다. 팔꿈치와 몸통 사이의 공간이 충분히 있기에 공이 백사이드로 올 경우 그냥 공을 대서 넘기는 스윙이 아닌 팔꿈치를 축으로 하완이 많이 들어왔다가 나가면서 공이 맞는 스윙이 만들어지며 소위 잡아 치는 강력한 백드라이브가 나올 수 있다. 내 몸 가까운 곳에 팔꿈치가 위치하면 질 좋은 백드라이브를 위한 뒷공간이 상대적으로 덜 만들어질 수 밖에 없다.

그림 65. 화드라이브 끝스윙 비교 - 3번각 vs 1번각

그림 66. 화드라이브 끝스윙 시 뒷 공간 비교 - 3번각 vs 1번각

그림 67. 화드라이브 후 백스윙 시 뒷공간 비교 - 3번각 vs 1번각

이제 백3번각을 하고 내 몸 최대한 밑 그리고 내 몸 가까이에서부터 크게 돌아 공의 7~8시를 칠 때의 순간을 좀 더 자세히 보자.

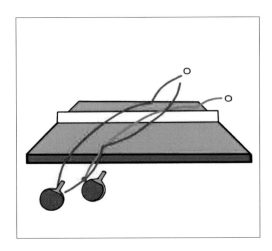

그림 68. 빨리 쳐서 공이 더 감기는 순간의 모습

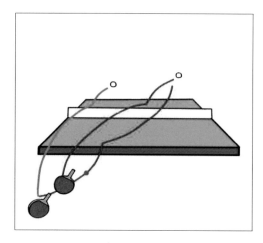

그림 69. 늦게 쳐서 공이 덜 감기는 순간의 모습

조금 빨리 쳐서.. 정점에서 어느 정도 내려온 공이 아닌 정점 근처에 있는 공을 친 경우라면 정상적인 빽3번각보다 라켓 왼쪽이 더 막힌 채로 공을 치게 되는 경향이 있다. 그래서 내가 원하는 공의 구질보다 더 왼쪽으로 감겨서 가고 더 상대방의 빽사이드로 빠질 것이다.

조금 늦게 쳐서.. 정점에서 어느 정도 내려온 공이 아닌 더 많이 내려온 공을 친 경우라면 정상적인 빽3번각보다 라켓 왼쪽이 덜 막힌 채로 공을 치게 되는 경향이 있다. 그래서 내가 원하는 공의 구질보다 덜 감겨서 가고 상대방의 화사이드로 빠지는 공이 만들어질 것이다.

이번에도.. 정면각은 왜 빽3번각인가??

민볼화드라이브의 원리와 같다. 로봇이나 상대방이 나에게 주는 공이 상좌회전성의 공이고 정점에서 내려올 때 치는 상황이라 가정했을 때 빽3번각이 정면각이라는 것이다.

마찬가지로.. 정점에서 내려오는 공이 아닌 정점으로 올라가고 있는 공이라면?? 내 테이블에 공이 맞자마자 빠르게 카운터빽드라이브를 치는 상황이라면?? 그렇다. 빽3번각을 더 숙인 각이 정면각이다.

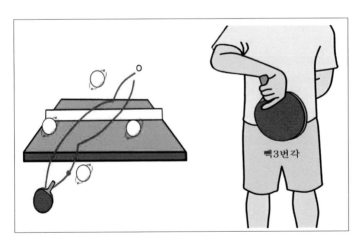

그림 70. 정점에서 내려오는 상좌회전성 공을 정면각으로 받아치는 모습

그림 71. 정점으로 올라가는 상좌회전성 공을 정면각으로 받아치는 모습

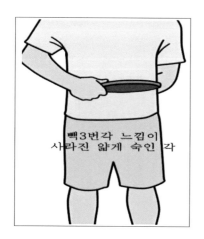

그림 72. 빽3번각의 잘못된 숙임

실제로 공을 맞추는 라켓각은 어떠한 공이 오느냐와 내가 어떻게 치느냐에 따라 매번 달라지지만, 민볼화드라이브 파트에서 설명했듯.. 어떠한 공을 치든 민볼백드라이브 역시 전부 기본 백3번각으로 치라는 말을 하고 싶다. 마인드핑퐁이니까!!

어쨌든 다시 정점에서 내려오는 공을 기준으로, 자신이 백3번각으로 친 공은 상회전과 좌회전을 먹어 약간 감겨 보내진다. 상좌회전성으로 오는 볼을 그대로 정면으로 친 것이니 당연하다. 그리고 민볼화드라이브와 같은 원리로 나는 공을 감아치진 않았지만 공은 감겨서 간다. 내가 만들어 놓은 라켓 왼쪽을 막은 기본각과 공의 7~8시 방향을 쳤다는 점이 공을 그렇게 만든 것이고 그로 인해 나는 스윙을 앞으로 보내 주기만 하면 된다. 다시 한번 확인해 보자. 어디가 정면인가?? 백사이드에서 백사이드로 주고받는 경우, 백 쪽을 바라보는 각이 정면이다. 우리는 라켓 머리를 내리고 왼쪽을 막아야 한다. 그것이 정면인 것이다.

그리고 이번에도 공이 천천히 높게 보내지는지를 확인해 보자. 처음엔 테이블 밖으로 나가도 좋다. 민볼화드라이브의 설명을 그대로 반복하겠다. 원리는 같다. 각이 얇으면 공을 천천히 높게 보낼 수 없다. 다시 말하면 얹어 보낼 수가 없다. 빨리 임팩트나 회전을 넣어서 공을 빠르고 낮게 보내 줘야 한다. 마찬가지로 나의 백사이드에서 상대방의 백사이드로 공을 천천히 높게 보내 보자. 그리고 그게 익숙해지면 나의 백사이드에서 상대방의 화사이드로 해 보자. 공을 빠르고 낮게 보내더라도 천천히 높게 보낼 수 있는 각으로 하면 된다. 실제 그 각을 똑같이 하라는 것이 아니다. 마인드핑퐁이다!!

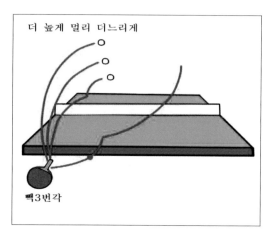

더 높게 멀리 더느리게

빽3번각

그림 73. 빽3번각 - 상대방 화 쪽으로 높게 천천히 감아 보내는 궤적

정리해 보자. 역시 민볼화드라이브에서의 설명을 반복한다.

제일 좋은 스윙은 자기가 보내는 공의 궤적을 그대로 따라가는 스윙이다. 빽1번각을 이용한 스윙에서처럼 공은 앞으로 가게 하면서 스윙을 위로 가져가면 안 된다.

빽3번각이 자연스레 나오는 그립을 잡고, 물론 화드라이브를 할 때와 같은 충분한 뒷공간은 없지만, 몸통으로부터 멀리 떨어져 있는 팔꿈치를 축으로 하완이 최대한 밑에서부터 나오는 스윙을 해준다. 그리고 공이 정점에서 약간 내려올 때 공을 내 라켓 위에 얹는다. 나에게 오는 공의 속도가 느리거나 내가 보내는 공의 속도가 느릴수록 실험 효과는 커진다.

정점으로 올라오는 공을 치고 싶으면 기본각을 더 숙여준다. 사실 마인드핑퐁 개념을 적용하면 숙이지 않아도 된다. 정점에서 내려오는 공을 칠 때 사용하던 기본각이 훌륭하다면 정점으로 올라오는 공을 칠 때 저절로 좋게 바뀐다. 즉, 공을 바깥으로 내보내지 않기 위해 저절로 그 기본각을 유지하는 느낌으로 라켓각을 약간 숙일 것이다.

손목은 많이 변하지 않고 팔꿈치를 축으로 상완이 앞으로 움직인다. 그리고 정면각으로 치는 것이기에 스윙 궤적은 내가 보내는 공의 뒤를 따라간다. 그리고 앞서 말했듯, 이런 끝스윙은 자기가 만드는 게 아니다. 스윙 시작 시의 그립과 기본각이 좌우한다.

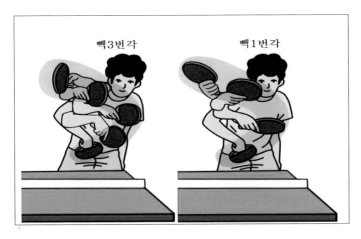

그림 74. 빽3번각 vs 빽1번각 드라이브 스윙 반경

그림 75. 빽3번각 vs 빽1번각 드라이브 끝스윙

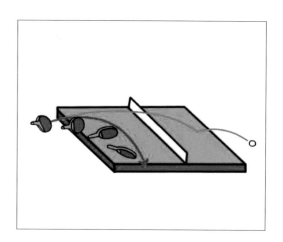

그림 76. 빽3번각으로 공 궤적을 잘 따라갈 때의 실제 스윙 궤적
- 잘 따라가다가 팔 길이의 한계와 관성의 법칙으로
오른쪽 아래를 향함 (3벡터 이론에 부합) (그림 38 참조)

그림에서 보듯이, 백3번각 끝스윙이 백1번각 끝스윙보다 높이가 더 낮고 내 몸으로부터 멀게 끝난다. 그리고 앞의 '그립' 파트에서 설명을 했듯이, 마음속에서는 공의 궤적을 그대로 따라가는 스윙 궤적을 하려고 하지만 우리의 팔 길이에는 한계가 있다. 그러므로 어느 정도는 쭉 앞으로 공의 궤적을 따라가다가도 어느 순간 오른 쪽 밑으로 빠지게 된다.

그리고 이후에는 그 오른쪽 밑으로 빠지는 힘과 관성의 법칙에 의 해서 아래 그림과 같이 원을 그리며 돌 수 있는 힘이 생긴다. 연 속 백드라이브 스윙의 경우 자신의 몸 오른쪽 부근에서 돌고 있는 것이 좋다. 그래야 갑자기 화사이드로 왔을 때, 보다 여유 있게 잘 칠 수 있다.

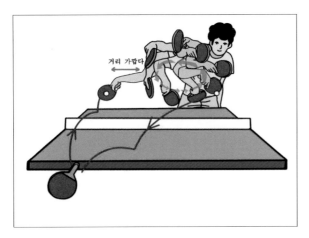

그림 77. 연속 백드라이브 시의 도는 스윙과 화사이드로
       오는 공에 대한 대처

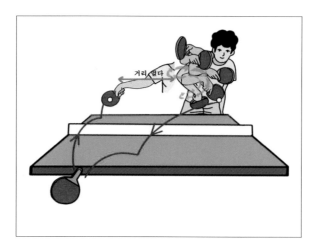

그림 78. 연속 빽드라이브 시의 돌지 않는 스윙과 화사이드로
오는 공에 대한 대처

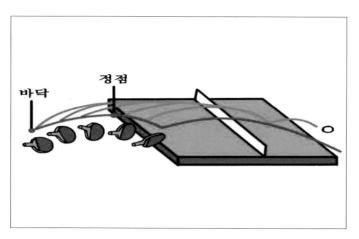

그림79. 공 치는 타이밍에 따른 빽3번각 드라이브 정면각의 변화

상대방의 백드라이브가 내 진영의 테이블에 맞고 튀어 오르기 시작한 후부터 바닥에 떨어지기까지의 타이밍 중, 어느 타이밍에 내가 공을 치느냐에 따른 정면각의 변화를 나타낸 그림이다.

라켓 머리를 내리고 왼쪽을 막은 상태에서 공의 7~8시를 치는 것은 똑같으나 라켓의 기울기가 달라진다. 매번 기울기를 머리속으로 계산할 순 없다. 그리고 민볼화드라이브 파트에서의 설명을 다시 그대로 반복할 순 없기에 간단히 결론만 말하자면.. 어떤 공이든지 기본 백3번각으로 친다고 생각하자. 나머지는 마인드핑퐁에 맡기면 된다. 마음속 모습과 실제 영상 속 모습이 다를 수 있다. 하지만 우리가 할 일은 기본 백3번각을 유지하는 것이다.

마지막으로 역시 민볼백드라이브의 최종버전은 민볼화드라이브의 최종버전과 같다. 더 감아치고 싶으면 더 감아치고 덜 감아치고 싶으면 덜 감아치는 것이다. 경우에 따라서는 그냥 백1번각을 이용해서 공의 위를 긁어도 좋다. 단 기본적인 백3번각을 이해한 후라면 말이다.

4. 커트볼화드라이브

너무 성의 없어 보이고 거짓말 같겠지만 민볼화드라이브와 똑같다. 앞에서 민볼화드라이브에서 하던 대로 똑같이 커트볼을 쳐 보자. 사실 민볼화드라이브 시의 3번각과 커트볼화드라이브 시의 3번각은 실제로는 약간 다르다. 민볼화드라이브에서 사용하던 각 그대로 커트볼화드라이브를 쳤을 경우 공이 약간 죽을 것이다. 아래 방향을 향하는 커트성 회전이 들어있기 때문이다.

하지만 똑같이 화3번각에 얹어 보내면 된다고 말하고 싶다. 커트볼이라고 화1번각으로 긁어 올릴 필요가 없다. 처음엔 천천히 높게.. 테이블 밖으로 나가도 좋다. 그게 익숙해지면 점점 공에 임팩트와 회전을 넣어 테이블 안으로 공을 빠르고 높이가 낮게 넣어 보자. 임팩트 또는 회전을 가할 때 화3번각이 변할 필요가 없다. 마음속 기본각인 화3번각을 유지하자.

민볼이든 커트볼이든 탁구는..

나에게 오는 공을 그냥 대거나 얹어서 보내기만 했을 때 테이블 밖으로 천천히 높게 나가버릴 정도의 두꺼운 각을 이용해서 테이블 안에 꽂아 넣는 운동이라 생각하자. 그리고 테이블 밖으로 나가지는 않게 하기 위해 임팩트와 회전을 준다고 생각하자. 그러면 네트가 그리 무섭지 않다. 앞서 말했듯이 죽는 각으로 살리는 탁구는 어려운 탁구이고 사는 각으로 죽이는 탁구는 쉬운 탁구이다.

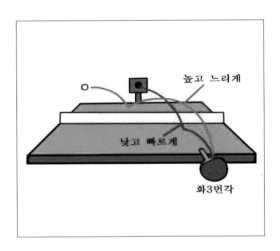

그림 80. 커트볼화드라이브 연습 궤적

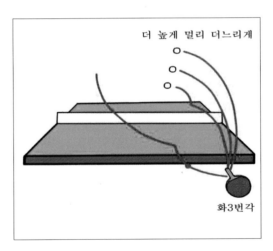

그림 81. 커트볼화드라이브 연습 궤적

그리고 우리는 이미 커트볼화드라이브에 대해 많은 것을 알고 있다. 커트공을 쳐야 하는 높이, 임팩트, 회전 넣는 법 그리고 허리와 무릎 쓰는 법 등등 당신이 이미 알고 있는 기술들에 화3번각을 적용해 보자. 민볼화드라이브와 다른 것이 정말로 거의 없다. 이 책에 있는 그립 및 민볼화드라이브의 내용 순시에 맞춰 그대로 해 보길 바란다.

커트볼화드라이브를 2구 리시브로 사용할 경우

상대방이 그저 순전한 커트볼이 아닌 반회전반커트성 화서비스를 자신의 화사이드로 넣었다면 기본 화3번각 위에 공을 얹어 보내면 된다. 기본 화3번각 자체가 이미 라켓의 오른쪽을 막고 있으므로 상대방 서브의 좌회전성 회전을 이겨낼 수 있다. 반대로 상대방이 반회전반커트성 백서브나 훅 써브 또는 YG 서브를 자신의 화사이드로 넣었다면 기본 3번각에서 라켓의 오른쪽을 더 열어야 상대방 서브의 우회전성 회전을 이겨낼 수 있다. 이 내용은 다음 장의 커트볼백드라이브 그림 81, 그림 82를 통해 유추해 볼 수 있을 것이다.

5. 커트볼빽드라이브

다시 한번 성의 없어 보이고 거짓말 같겠지만 민볼빽드라이브와 똑같다. 앞에서의 그립 및 민볼빽드라이브의 내용 순서대로 커트볼을 쳐 보자. 민볼빽드라이브 시의 3번각과 커트볼빽드라이브 시의 3번각 역시 실제로는 약간 다르지만 마음속에서는 같다.

똑같이 빽3번각 위에 얹어 보낸다. 커트볼이라고 빽1번각으로 긁어 올릴 필요가 없다. 자신 있게 빽3번각을 적용해 보자. 처음엔 천천히 높게.. 테이블 밖으로 나가도 좋다. 익숙해지면 점점 공에 임팩트와 회전을 넣어 테이블 안으로 공을 낮고 빠르게 넣어 보자. 마음속 각을 바꾸면 안 된다. 다시 한번 말하지만 그냥 대면 죽는 각을 이용해서 힘들게 살리는 탁구는 하지 말자. 그것은 어렵고 힘든 탁구이고 그러면 네트가 무섭다.

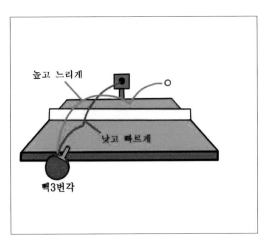

그림 82. 커트볼빽드라이브 연습 궤적

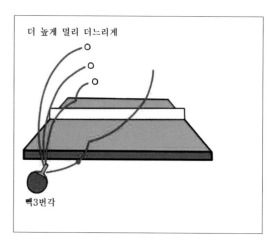

그림 83. 커트볼빽드라이브 연습 궤적

커트볼빽드라이브를 2구 리시브로 사용할 경우

상대방이 그저 순전한 커트볼이 아닌 반회전반커트성 화서비스를 자신의 빽사이드로 넣었다면 기본 빽3번각 위에 공을 얹어 보내면 안 된다. 기본 빽3번각은 라켓의 왼쪽이 막혀 있기 때문에 그렇게 하면 상대방 서브의 좌회전성 회전을 타게 된다. 이럴 땐 라켓 왼쪽을 열어야 한다. 그래야 상대방 서브의 좌회전성 회전을 이겨낼 수 있게 된다. 반대로 상대방이 반회전반커트성 빽서브나 훅 써브 또는 YG 서브를 나의 빽사이드에 넣었다면 그냥 기본 빽3번각을 이용해서 치면 된다. 왜냐하면 기본 빽3번각 자체가 이미 라켓 왼쪽을 막고 있고 그러므로 상대방 서브의 우회전성 회전을 이겨낼 수 있기 때문이다.

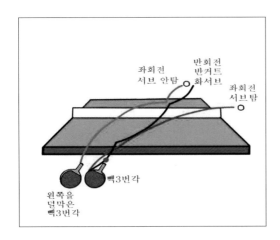

그림 81. 반회전반커트 화서브에 대한 커트볼빽드라이브

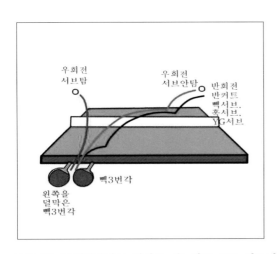

그림 82. 반회전반커트 빽서브, 훅 서브, YG 서브에 대한
    커트볼빽드라이브

6. 수비

수비에 대해 언급할 것은 한 가지뿐이다. 바로 '수비할 때와 공격할 때의 라켓각이 같을수록 쉬운 탁구' 라는 것!! 어떤 사람들은 수비할 때의 라켓각과 공격할 때의 라켓각이 달라야 한다 라고 말하지만 나는 공격할 때의 각과 수비할 때의 각이 다를수록 어려운 탁구라고 생각한다. 수비든 공격이든 똑같이 마음속 기본각을 3번 각으로 유지한 채 해 볼 것을 추천한다. 실제 각은 마음속 탁구에 의해 매 상황마다 조금씩 달라지겠지만 말이다.

7. 이외의 탁구 기술들

탁구 기술들은 정말 많다. 하지만 내가 아는 것은 앞의 내용들이 전부이다. 이 책에 있는 내용 이외의 것들에 대해서는 나는 잘 알지 못하며 실제로 잘 하지도 못한다. 굳이 예를 들자면 나는 커트도 잘 못하고 리시브도 잘 못한다. 스매싱이나 플릭 기술에 대해서도 잘 모른다. 그런 의미에서 탁구책치고는 내용이 너무 빈약하다는 점을 인정한다. 하지만 나는 이 책의 핵심 내용 즉 라켓 기본각에 대한 개념만 잘 알게 되어도 지금보다는 더 수준이 높아진 탁구를 즐길 수 있을 것이라 생각한다. 내가 그랬으니까 말이다.

내가 쉐이크 전향 후 약 4년 동안의 오픈 6부 미만의 수준에서 지금의 오픈 3부 수준이 되기까지 계속해서 바꾼 것은 라켓각이 유일하다. 쉐이크 전향 후 약 4년 동안은 허리, 스텝, 임팩트, 회전에 대해서 아무리 레슨을 받아도 실력의 상승은 없었다. 아무리 볼박스를 하며 땀 흘리고 숨이 턱에 찰 만큼 소위 '헥헥대는 레슨'을 받더라도 게임을 하면 항상 그대로였다.

하지만 이후 라켓 기본각에 대해 알기 시작하고 라켓각이 좋게 바뀌면 바뀔수록 탁구 실력이 좋아졌다. 조금 더 허리나 스텝을 잘 쓰게 되었고 조금 더 임팩트와 회전량이 늘었으며 그리고 안정감까지 좋아졌다. 물론 오픈 1부나 선수 수준의 그러한 정도는 아니지만.. 라켓각을 알기 전과 후를 비교해 보면 그렇다는 말이다.

맺음말

이 책은 쉐이크로 전향한 후, 나의 약 7년간의 탁구 일기이다.

일기가 자신만의 이야기이듯, 이 책 또한 나만의 이야기이다.

나만의 이야기이므로 다른 사람과는 의견의 차이가 있을 수 있다.

그리고 사람의 생각은 변한다.

정치 성향도 변하고 투자 성향도 변한다.

그러므로 '그땐 맞지만 지금은 틀리다'가 될 수 있고

후에 보면.. 이 책에 대한 나의 생각도 변할 수 있다.

그냥 '지금은 이게 맞다' 라고 말하고 있는 이 부족한 탁구인의

책을 독자분들이 너그럽고 넓은 마음으로 읽어 봐줬으면 좋겠다.

사실 탁구에 정답은 없다. 모두의 탁구를 다 그 자체로 존중한다.

이 책이..
아무리 오랜 시간 노력해도..
좀처럼 늘지 않는 탁구인들에게 도움이 되었으면 좋겠습니다.

Thanks to

힘들게 일요일 새벽에 나와 연습 상대해 준 고마운 호겸, 호진, 준형

먼 길 마다않고 와주는 고마운 탁구친구들
 은규, 병환, 선욱, 태균, 승규, 민섭, 도닉 태건, 평택시청 태건

의사형 타이틀 만들어 준 탁규 TV 준규

내 20대의 전부인 아주대 2.5g

즐거웠었던 만큼 항상 보고 싶은 광주 명문 형님 누님들

내 삶의 가장 힘든 시절 무한의 유쾌한 에너지를 공급해 준 올핑

바쁜 척해도 가면 항상 반겨주시는 탁구 신들의 모임 탁신

20년 전의 추억으로 뭉친 마음 따뜻한 사람들의 모임 동그라미

항상 언제든지 운동할 수 있게 해준 고마운 시흥 베스트 탁구클럽

Specially Thanks to

이 책에 대한 모든 기본틀과 영감을 주신 형님과 유훈석 코치에게 특별히 감사드립니다.

형님의 중펜 코치는 유훈석 선수(전 한국인삼공사)였고 이후 나는 당시 내 인생 중 여러 가지로 가장 바쁜 시기였음에도 불구하고 2년 가까이를 한 달에 한두 번씩 짬을 내어 형님을 따라 서울에서 용인, 분당으로 레슨을 받으러 다녔다. 형님의 이상한 스윙 동작을 보고 너무 웃겨서 레슨 받을 필요가 없다고 생각했던 그 코치에게 말이다. 유훈석 코치에게 받은 레슨은 그 이전에 수년간 받았던 레슨과는 비교할 수 없을 정도로 좋았다. 탁구의 원리에 대해 이해하기 시작했고 무엇보다 마음속 탁구를 이해하게 되었다. 물론 그 바탕에는 형님의 도움이 컸다. 말은 유훈석 코치가 했지만 해설은 형님이 다 해주었다. 이 책의 시작은 형님과 유훈석 코치이고 두 분이 없었다면 이 책은 세상에 나오지 못했을 것이다.

항상 희생하며 나를 지원해주는

김연아를 닮은 나의 아름다운 아내

그리고 보기만 해도 웃음 나는 우리 귀여운 똥강아지들

사랑한다.